AF310222

Chez Mᵐᵉ Vᵉ POUSSIELGUE-RUSAND, rue Petit-Bourbon-Saint-Sulpice, 3, à Paris.

LE
SALUT DE LA FRANCE.

Par le P. DEBREYNE.

Une brochure in-8° de 154 pages. — Prix : 2 fr. par la poste.

———————

La pensée de cet écrit, c'est la glorification, c'est l'exaltation du catholicisme en France. Son double but, c'est de faire adopter la religion catholique comme religion de l'État, ainsi qu'elle le fut jadis et toujours jusqu'en 1830 ; et de faire prévaloir l'éducation et l'enseignement catholiques dans toute la France.

Voilà les deux conditions essentielles auxquelles la régénération religieuse, morale et sociale, c'est-à-dire le salut de la France nous paraît absolument et irrévocablement attaché dans les desseins de la divine Providence.

Comment, depuis un demi-siècle, nos rois ont-ils accompli ces deux conditions vitales ? On ne le sait que trop. Il faut toutefois le redire encore. La Restauration n'a rempli qu'une de ces deux conditions indispensables, puisque, en 1828, elle a supprimé l'enseignement catholique, et c'est ce qui l'a renversée. Louis-Philippe, pour les avoir violées toutes les deux, a été encore plus rudement frappé par la verge de Dieu. Quant à Napoléon, on sait assez comment il les a remplies et comment Dieu l'a traité. *Et nunc, reges, intelligite.* (Ps. 2.)

Si la France n'est pas régénérée par la puissance du catholicisme, elle périra misérablement et inévitablement. La nation et le royaume, dit le prophète Isaïe en parlant à Dieu, qui ne vous servira point, périra. *Gens et regnum quod non servierit tibi, peribit.* (LX-12.)

D'après ce qui précède, nous pensons que, sans l'accomplissement de ces deux conditions nécessaires, aucun gouvernement ne pourra subsister en France, ni rendre la France heureuse, grande et florissante. Car, tant que nos hommes d'État, nos gouvernants et nos législateurs ne s'élèveront pas plus haut, et qu'ils ne reconnaîtront pas l'action de Dieu dans les choses de ce monde, pour subordonner leur politique à celle de Dieu, ils ne feront jamais rien de grand et de stable pour le bonheur des peuples; ou plutôt ils perdront les peuples et se perdront avec eux.

Enfin, en supposant que l'ordre politique puisse se maintenir sans l'accomplissement des deux conditions susmentionnées, si l'influence de l'enseignement rationaliste et anticatholique n'est pas suffisamment contrebalancée par l'enseignement catholique libre, la *protestantisation* de la France sera, pour nous, un fait consommé avant la fin du 19e siècle....

Voici le sommaire des deux chapitres de cette brochure :

Sommaire du premier chapitre. — Nécessité du rétablissement de la religion catholique comme religion de l'État et de l'immense majorité des Français. — Grands dangers pour les rois et les gouvernements qui persécutent la religion catholique et qui empêchent ou entravent l'enseignement catholique. Exemples fameux et formidables. — *Protestantisation* probable ou plutôt inévitable de la France, si les deux conditions ci-dessus mentionnées ne sont pas fidèlement remplies. — Effets moraux et physiques déplorables et presque incroyables du protestantisme et particulièrement en Angleterre. — Folies et suicides dix-sept fois plus nombreux dans les contrées protestantes que dans les pays catholiques. — Tous les genres de crimes beaucoup plus fréquents en Angleterre qu'en France, etc.

Sommaire du deuxième chapitre. — Intervention réelle et active du clergé dans l'œuvre de la régénération de la société. — Éducation morale et intellectuelle de la jeunesse par l'enseignement catholique spécialement donné par l'Église. — Reconstitution scientifique et littéraire du clergé. — Société encyclopédique ecclésiastique. — Programme de travaux scientifiques et littéraires nécessaires ou utiles au clergé. — Journalisme catholique. — Organe officiel de la presse catholique, ou moniteur unique et universel du clergé de France, sous le haut patronage de l'épiscopat. — La Foi catholique conservée particulièrement par l'action des Communautés ou des Congrégations religieuses enseignantes, et surtout par l'heureuse influence de la femme catholique. — Puissants motifs de croire le salut de la France probable et plus ou moins prochain par la puissance de l'enseignement catholique, selon que l'on remplira plus ou moins les deux conditions nécessaires ci-dessus mentionnées.

On trouvera, à la fin de cette brochure, plusieurs notes explicatives sur divers points qui y sont mentionnés ou indiqués, entre autres sur Londres, la Babylone moderne; la fin prochaine du mahométisme; l'enseignement public du collége de France; le baccalauréat; la loi du repos heptamérique; la nécessité d'un concile national; la confession catholique; enfin, sur une institution nouvelle qui a pour but de procurer des instituteurs religieux aux nombreuses paroisses des campagnes qui n'ont pu en avoir jusqu'à présent.

Le P. DEBREYNE.

AUTRES OUVRAGES DU MÊME AUTEUR.

ESSAI SUR LA THÉOLOGIE MORALE, considérée dans ses rapports avec la physiologie et la médecine. Ouvrage spécialement destiné au clergé. Quatrième

᾿᾿édition, revue, corrigée et notablement augmentée. Un fort volume in-8°.
Chez Poussielgue-Rusand, rue Petit-Bourbon-Saint-Sulpice, 3, à Paris.

MOECHIALOGIE, ou Traité des péchés contre les sixième et neuvième commandements du Décalogue, et de toutes les questions matrimoniales qui s'y rattachent directement et indirectement; suivi d'un Abrégé pratique d'Embryologie sacrée. Ouvrage mis à la hauteur des sciences physiologiques, naturelles, médicales et de la législation moderne. Ce livre est exclusivement destiné au clergé. Un fort vol. in-8°. 2ᵉ édition, revue, corrigée et considérablement augmentée.
Chez Poussielgue-Rusand, rue Petit-Bourbon-Saint-Sulpice, 3, à Paris.

ÉTUDE DE LA MORT, ou Initiation du prêtre à la connaissance pratique des maladies graves et mortelles; et de tout ce qui, sous ce rapport, peut se rattacher à l'exercice difficile du saint ministère. Ouvrage spécialement destiné aux ecclésiastiques qui ont charge d'âmes. Un fort vol. in-8°.
Chez Poussielgue-Rusand, rue Petit-Bourbon-Saint-Sulpice, 3, à Paris.

EXAMEN de la question de l'Opération césarienne posthume, ou du Baptême des enfants, dont les mères meurent avant la parturition. Cette question est examinée aux points de vue légal, médical, théologique, moral et social. Opuscule in-8° destiné aux prêtres et aux médecins.
Chez Poussielgue-Rusand, rue Petit-Bourbon-Saint-Sulpice, 3, à Paris.

PRÉCIS DE PHYSIOLOGIE HUMAINE, pour servir d'introduction aux études de la philosophie et de la théologie morale, suivi d'un *Code abrégé d'hygiène pratique*. Ouvrage spécialement destiné au clergé et aux séminaires. Seconde édition, revue, corrigée et augmentée. Un fort vol. in-8°.
Chez Poussielgue-Rusand, rue Petit-Bourbon-Saint-Sulpice, 3, à Paris.

PENSÉES D'UN CROYANT CATHOLIQUE, ou Considérations philosophiques, morales et religieuses sur le matérialisme moderne et divers autres sujets, tels que l'âme des bêtes, la phrénologie, le suicide, le duel et le magnétisme animal. Troisième édition, notablement augmentée. Un fort vol. in-8°.
Chez Poussielgue-Rusand, rue Petit-Bourbon-Saint-Sulpice, 3, à Paris.

LE PRÊTRE ET LE MÉDECIN DEVANT LA SOCIÉTÉ. Un fort vol. in-8°. Tous les devoirs des médecins y sont exposés.
Chez Poussielgue-Rusand, rue Petit-Bourbon-Saint-Sulpice, 3, à Paris.

ESSAI PHILOSOPHIQUE sur l'influence que le régime alimentaire peut exercer sur la civilisation, les mœurs, l'éducation, la politique, la guerre, chez les différents peuples du globe. Un vol. in-8°.
Chez Poussielgue-Rusand, rue Petit-Bourbon-Saint-Sulpice, 3, à Paris.

DU SUICIDE considéré aux points de vue philosophique, religieux, moral et médical, suivi d'un Traité sur le duel. Un vol. in-8°.
Chez Poussielgue-Rusand, rue Petit-Bourbon-Saint-Sulpice, 3, à Paris.

THÉORIE BIBLIQUE sur la Cosmogonie et la Géologie. Doctrine nouvelle fondée sur un principe unique et universel puisé dans la Bible. Un vol. in-8°.
Chez Poussielgue-Rusand, rue Petit-Bourbon-Saint-Sulpice, 3, à Paris.

ESSAI analytique et synthétique sur la Doctrine des Éléments morbides considérés dans leur application thérapeutique. Un fort vol. in-8°.
Chez J.-B. Baillière, rue Hautefeuille, 19, à Paris.

THÉRAPEUTIQUE APPLIQUÉE, ou Traitements spéciaux de la plupart des maladies chroniques. Quatrième édition, revue, corrigée et notablement augmentée. Un vol. in-8°.
Chez Mme Ve Poussielgue-Rusand, rue Petit-Bourbon-St-Sulpice, 3, à Paris.
Et chez Baillière, rue Hautefeuille, 19, à Paris.

Imprimerie de P.-É. Brédif, à l'Aigle (Orne).

LE
SALUT DE LA FRANCE.

AUTRES OUVRAGES DU MÊME AUTEUR.

ESSAI SUR LA THÉOLOGIE MORALE, considérée dans ses rapports avec la physiologie et la médecine. Ouvrage spécialement destiné au clergé. Quatrième édition, revue, corrigée et notablement augmentée. Un fort volume in-8°.
Chez Poussielgue-Rusand, rue Petit-Bourbon-Saint-Sulpice, 3, à Paris.

MOECHIALOGIE, ou Traité des péchés contre les sixième et neuvième commandements du Décalogue, et de toutes les questions matrimoniales qui s'y rattachent directement et indirectement; suivi d'un Abrégé pratique d'Embryologie sacrée. Ouvrage mis à la hauteur des sciences physiologiques, naturelles, médicales et de la législation moderne. Ce livre est exclusivement destiné au clergé. Un fort vol. in-8°. 2ᵉ édition, revue, corrigée et considérablement augmentée.
Chez Poussielgue-Rusand, rue Petit-Bourbon-Saint-Sulpice, 3, à Paris.

ÉTUDE DE LA MORT, ou Initiation du prêtre à la connaissance pratique des maladies graves et mortelles; et de tout ce qui, sous ce rapport, peut se rattacher à l'exercice difficile du saint ministère. Ouvrage spécialement destiné aux ecclésiastiques qui ont charge d'âmes. Un fort vol. in 8°.
Chez Poussielgue-Rusand, rue Petit-Bourbon-Saint-Sulpice, 3, à Paris.

EXAMEN de la question de l'Opération césarienne posthume, ou du Baptême des enfants, dont les mères meurent avant la parturition. Cette question est examinée aux points de vue légal, médical, théologique, moral et social. Opuscule in-8° destiné aux prêtres et aux médecins.
Chez Poussielgue-Rusand, rue Petit-Bourbon-Saint-Sulpice, 3, à Paris.

PRÉCIS DE PHYSIOLOGIE HUMAINE, pour servir d'introduction aux études de la philosophie et de la théologie morale, suivi d'un *Code abrégé d'hygiène pratique*. Ouvrage spécialement destiné au clergé et aux séminaires. Seconde édition, revue, corrigée et augmentée. Un fort vol. in-8°.
Chez Poussielgue-Rusand, rue Petit-Bourbon-Saint-Sulpice, 3, à Paris.

PENSÉES D'UN CROYANT CATHOLIQUE, ou Considérations philosophiques, morales et religieuses sur le matérialisme moderne et divers autres sujets, tels que l'âme des bêtes, la phrénologie, le suicide, le duel et le magnétisme animal. Troisième édition, notablement augmentée. Un fort vol. in-8°.
Chez Poussielgue-Rusand, rue Petit-Bourbon-Saint-Sulpice, 3, à Paris.

LE PRÊTRE ET LE MÉDECIN DEVANT LA SOCIÉTÉ. Un fort vol. in-8°. Tous les devoirs des médecins y sont exposés.
Chez Poussielgue-Rusand, rue Petit-Bourbon-Saint-Sulpice, 3, à Paris.

ESSAI PHILOSOPHIQUE sur l'influence que le régime alimentaire peut exercer sur la civilisation, les mœurs, l'éducation, la politique, la guerre, chez les différents peuples du globe. Un vol. in-8°.
Chez Poussielgue-Rusand, rue Petit-Bourbon-Saint-Sulpice, 3, à Paris.

DU SUICIDE considéré aux points de vue philosophique, religieux, moral et médical, suivi d'un Traité sur le duel. Un vol. in-8°.
Chez Poussielgue-Rusand, rue Petit-Bourbon-Saint-Sulpice, 3, à Paris.

THÉORIE BIBLIQUE sur la Cosmogonie et la Géologie. Doctrine nouvelle fondée sur un principe unique et universel puisé dans la Bible. Un vol. in-8°.
Chez Poussielgue-Rusand, rue Petit-Bourbon-Saint-Sulpice, 3, à Paris.

ESSAI analytique et synthétique sur la Doctrine des Éléments morbides considérés dans leur application thérapeutique. Un fort vol. in-8°.
Chez J.-B. Baillière, rue Hautefeuille, 19, à Paris.

THÉRAPEUTIQUE APPLIQUÉE, ou Traitements spéciaux de la plupart des maladies chroniques. Quatrième édition, revue, corrigée et notablement augmentée. Un vol. in-8°.
Chez Mme Ve Poussielgue-Rusand; rue Petit-Bourbon-St-Sulpice, 3, à Paris.
Et chez Baillière, rue Hautefeuille, 19, à Paris.

LE
SALUT DE LA FRANCE.

> « L'histoire nous montre des peuples
> conduits aux bords de l'abîme par l'im-
> piété, et ramenés ensuite par la religion
> à de nouveaux siècles de grandeur et
> de prospérité. »
>
> Mgr FAYET, Év. d'Orléans.

Par le P. DEBREYNE.

PARIS,

LIBRAIRIE DE Mme Ve POUSSIELGUE-RUSAND,
Rue Petit-Bourbon-Saint-Sulpice, 3.

—

1851.

ERRATA.

La France catholique a profondément péché contre Dieu, quand elle ne s'est pas insurgée et levée en masse, pour repousser, de toute l'énergie de son indignation, la Charte impie de 1830 qui, par un blasphème inouï, a osé déclarer que l'État n'avait plus de religion; c'est-à-dire qu'il était devenu athée ou païen, et qu'il n'avait plus besoin de Dieu ni de sa protection. Honte et malheur à un peuple qui, dans son délire impie, a écrit dans sa constitution politique et sociale : Nous ne reconnaissons plus le Dieu des chrétiens pour notre roi, nous ne voulons plus qu'il règne sur nous : *Nolumus hunc regnare super nos* (Luc, xix-14). (1)

____

(1) Chose tristement remarquable ! On ne trouve nulle part, dans aucune constitution, dans aucune charte moderne, le nom adorable de Notre-Seigneur *Jésus-Christ,* comme principe du pouvoir, comme règle de droit national, et comme sanction de la loi. Quel changement depuis Charlemagne ! Aujourd'hui, la raison du droit et du devoir, c'est le peuple, c'est le pays, c'est la nation; c'est tout ce qu'on voudra, excepté *Dieu !*

Ce peuple égaré, ou plutôt ses indignes représentants, qui l'ont trompé, ont donc oublié que le pouvoir, quel qu'il soit, ne peut régner et gouverner que par Dieu ou par la religion : *Per me reges regnant* (Prov. viii-15); que la religion est la vie du corps politique, l'âme de la société, et qu'elle ne lui laisse que le choix, ou de se conserver avec elle et par elle, ou de se perdre sans elle, en tombant fatalement dans le domaine de la force brutale, comme un cadavre qui tombe fatalement sous l'empire des lois physiques. Aussi, depuis la néfaste époque de 1830, tout est devenu athée, l'État, la politique, la justice, les lois, les coutumes, les sciences, les lettres, les arts, la France officielle presque tout entière.

Quoi! la France, formée, civilisée et rendue grande, heureuse et florissante depuis quatorze siècles par la religion catholique, a eu l'audace et la folie de répudier le catholicisme auquel elle doit tout, son existence, sa gloire, sa prospérité, son bonheur! C'est là certes un fait lamentable, un crime horrible que Dieu assurément ne peut laisser impuni.

Aussi, aux yeux des hommes sages et de tous ceux qui n'ont pas encore perdu le sens moral, cette apostasie publique, nationale, constitutionnelle, jointe à l'enseignement irréligieux de notre époque, est évidemment la première et la principale source de tous les maux qui pèsent aujourd'hui si justement sur notre coupable et malheureuse patrie. Dieu frappe la nation rénégate de tous les genres de fléaux à la fois. Voyez ces fréquentes révolutions, ces émeutes annuelles, périodiques, cette anarchie sociale toujours de plus en plus audacieuse et menaçante, ce socialisme enfin qui inévitablement et prochainement peut-être nous conduira à la barbarie et à l'état sauvage. Nous ne parlons pas ici de ces deux invasions d'une maladie nouvelle et terrible que Dieu, dans sa juste colère, nous a envoyée des plages de l'Asie. Nous passons également sous silence ces cataclysmes effrayants, ces inondations dévastatrices, la ruine de nos colonies par des tremblements de terre épouvantables, ce fléau nouveau qui, chaque année, menace nos subsistances, cette famine récente, et ce qui est plus récent et plus alarmant encore, cette souffrance, cette détresse extraordinaire et générale causée par la ruine du crédit et du commerce. Mais laissons ces choses matérielles qui ne sont qu'une faible partie de nos maux.

Il est une autre plaie toujours saignante et presque absolument désespérée, *plaga desperata,* comme parlent les livres saints : et cette plaie, sans contredit, la plus hideuse de toutes, parce qu'elle est le principe et la cause première de la desorganisation morale et sociale de la nation française; cette plaie affreuse, ce choléra moral, c'est l'éducation moderne, c'est l'enseignement rationaliste, anticatholique, protestant de notre malheureux siècle. C'est sous l'empire de cet enseignement, que la société est devenue si profondément malade : elle chancelle sur ses bases comme un homme ivre; les institutions disparaissent, il n'y a plus de frein pour les passions, la charité est bannie, le froid égoïsme a desséché tous les cœurs, a tari la source de presque tous les dévouements et sentiments généreux, et un esprit de sauvage indépendance a brisé tous les liens de la masse presque entière de la nation. C'est sous l'empire de cet enseignement sceptique, et sous l'action incessante et corrosive d'une presse impie, athée et révolutionnaire, que tout s'use, se désorganise et disparaît : et si Dieu n'y met la main, la religion, la Foi, la morale, la société s'en iront, et le gouvernement, le pouvoir et la République s'en iront avec elles, sans qu'on puisse rien mettre à leur place. C'est enfin sous l'empire de cet enseignement irréligieux et athée, que ce grand corps de la France, s'il n'est bientôt dévoré par le socialisme ou le communisme (1), ne peut

---

(1) Le socialisme ou le communisme n'est que la conséquence naturelle de l'athéisme légal. Et en effet, si les lois humaines sur la propriété ne sont pas fondées sur la loi de Dieu : *Non furtum facies*, *etc.* (Exod. xx-15), le droit de

manquer de tomber, par l'absence du principe vital de la Foi catholique, dans une complète et irrémédiable atrophie, ou plutôt dans
une gangrène générale, absolue. Et alors, pour
le guérir, *il sera trop tard;* il n'y aura plus de
remède et peut être plus de temps : *tempus non
erit ampliùs* (Apoc. x-6). Non, il n'y aura plus
de remède, parce qu'il n'y aura plus ni fièvre,
ni convulsion; il y aura le calme de la mort et
le silence du tombeau. Alors on dira comme le

---

propriété n'a pas de base morale possible : il ne sera donc
réglé que par une loi humaine sans aucune sanction divine. Mais ce que les hommes ont fait, d'autres hommes
peuvent le défaire; ils pourront et voudront faire des lois
nouvelles, peut-être *une loi agraire socialiste ou commu-
niste, une loi d'égalité humanitaire,* etc. Et ils le feront
infailliblement, s'ils deviennent les plus forts. La société
sera donc alors abandonnée aux éventualités du hasard,
c'est-à-dire aux chances de la force brutale, qui sera devenue le droit public de la nation. *O tempora!* Si nous
échappons à ce dernier cataclysme niveleur, un autre mal
non moins lamentable nous est réservé pour châtiment
d'avoir abandonné la vérité, d'avoir mis Dieu hors la loi
et répudié la royauté de Jésus-Christ, le Roi des rois,
Rex regum et Dominus dominantium (I. Tim. vi-15).
Or, ce nouveau mal, ce sera le néoprotestantisme rationaliste et éclectique; car la *protestantisation* de la France
est une chose inévitable, si l'influence de l'enseignement
universitaire n'est pas suffisamment contrebalancée par
l'enseignement catholique libre.

Moniteur, le lendemain d'une révolution, d'une émeute meurtrière, ou d'un combat sanglant : *Paris est calme et tranquille!*

Maintenant, existe-t-il encore quelque moyen capable de prévenir ces grandes calamités, ces dernières convulsions d'une nation expirante? Oui, il en est deux, et ce sont les deux conditions essentielles, sans lesquelles le salut de la la France nous paraît absolument impossible. Or, ces deux conditions, les voici : le rétablissement de la religion catholique comme religion de l'État, ainsi qu'elle l'a toujours été, avec l'éducation et l'enseignement catholiques. Nous pensons que sans l'accomplissement de ces deux conditions, aucun gouvernement ne pourra subsister en France. La Restauration n'en a rempli qu'une, puisqu'en 1828 elle a supprimé l'enseignement catholique, et c'est ce qui l'a renversée. Louis-Philippe, pour les avoir violées toutes les deux, a été encore plus rudement frappé par la verge de Dieu. Quant à Napoléon, on sait comment il les a remplies et comment Dieu l'a traité. *Et nunc reges intelligite.* (Ps. 2). Ainsi il faut que la France en passe par là et qu'elle remplisse les deux conditions vitales que Dieu demande d'elle, ou il faut qu'elle périsse; il faut qu'elle soit régénérée ou détruite. La nation et le royaume, dit le prophète Isaïe, en parlant à Dieu, qui ne vous servira point, périra. *Gens et regnum quod non servierit tibi, peribit.* (Is. LX-12).

Ce petit écrit se divise naturellement en deux chapitres.

Sommaire du premier chapitre.—Nécessité du rétablissement de la religion catholique comme religion de l'État et de l'immense majorité des Français. — Grands dangers pour les rois et les gouvernements qui persécutent la religion catholique et qui empêchent ou entravent l'enseignement catholique. Exemples fameux et formidables. — *Protestantisation* probable ou plutôt inévitable de la France, si les deux conditions ci-dessus mentionnées ne sont pas fidèlement remplies. — Effets moraux et physiques déplorables et presque incroyables du protestantisme et particulièrement en Angleterre. — Folies et suicides dix-sept fois plus nombreux dans les contrées protestantes que dans les pays catholiques. — Tous les genres de crimes beaucoup plus fréquents en Angleterre qu'en France, etc.

Sommaire du deuxième chapitre. — Intervention réelle et active du clergé dans l'œuvre de la régénration de la société. — Éducation morale et intellectuelle de la jeunesse par l'enseignement catholique spécialement donné par l'Église. — Reconstitution scientifique et littéraire du clergé. — Société encyclopédique ecclésiastique. — Programme de travaux scientifiques et littéraires nécessaires ou utiles au clergé. — Journalisme catholique. — Organe officiel de la presse catholique, ou moniteur unique et universel du clergé de France, sous le haut patronage de l'épiscopat. — La Foi catholique conservée particulièrement par l'action des Communautés ou des Congrégations religieuses enseignantes, et surtout par l'heureuse influence de la femme catholique. — Puissants motifs de croire le salut de la France probable et plus ou moins prochain par la puissance de l'enseignement catholique, selon que l'on remplira plus ou moins les deux conditions nécessaires ci-dessus mentionnées.

On trouvera, à la fin de cette brochure, plusieurs notes explicatives sur divers points qui y sont mentionnés ou indiqués, entre autres sur Londres, la Babylone moderne; la fin prochaine du mahométisme; l'enseignement public du collége de France; le baccalauréat; la loi du repos heptamérique; la nécessité d'un concile national; la confession catholique; enfin, sur une institution nouvelle qui a pour but de procurer des instituteurs religieux aux nombreuses paroisses des campagnes qui n'ont pu en avoir jusqu'à présent.

LE
SALUT DE LA FRANCE.

CHAPITRE PREMIER.

Nécessité du rétablissement de la religion catholique comme
religion de l'État et de l'immense majorité des Français.
— Grands dangers pour les rois et les gouvernements
qui persécutent la religion catholique, et qui empêchent
ou entravent l'enseignement catholique. Exemples fameux et formidables. — *Protestantisation* probable ou
plutôt inévitable de la France, si les deux conditions ci-
dessus mentionnées ne sont pas fidèlement remplies. —
Effets moraux et physiques déplorables et presque incroyables du protestantisme, et particulièrement en Angleterre. — Folies et suicides dix-sept fois plus nombreux
dans les contrées protestantes que dans les pays catholiques. — Tous les genres de crimes beaucoup plus fréquents en Angleterre qu'en France, etc.

§ Ier.

Du moment que la charte de 1830 a déclaré
à la France que l'État n'avait plus de religion,
on a fait un pas immense vers le protestantisme.

Ce progrès dans la voie de l'erreur était d'ailleurs une conséquence nécessaire de l'enseignement rationaliste et éclectique de l'Université. Les fatales ordonnances du 16 juin 1828 avaient déjà préludé à cette politique machiavélique, ou plutôt elles avaient préparé ce mystère d'inconcevable iniquité. Aussi Dieu a frappé la restauration pour sa grande faiblesse et son incroyable incurie. La presse la plus impie qu'on ait jamais vue sous le soleil, et que la Restauration a soufferte, devait nécessairement tout perdre avec et par la Restauration. « La branche aînée, a dit le *Correspondant,* par les fatales ordonnances de 1828, avait sacrifié l'Église à l'Université, et l'Université contribua à sa chute avec une sorte de frénésie; la branche cadette livrait ses enfants mâles au minotaure, et le minotaure l'a dévorée elle-même. »

La malheureuse loi du 28 juin 1833 fut conçue et faite dans le même esprit, ou du moins dans les mêmes tendances (1). Et afin que personne

---

(1) On sait que c'est la loi de 1833 qui a lâché sur la France entière cette armée innombrable d'instituteurs laïques, dont la grande majorité est incrédule, sceptique et socialiste. On en a recueilli aujourd'hui les fruits amers et empoisonnés. Cette loi funeste avait tout enveloppé dans son vaste réseau. Elle avait fixé une pénalité contre quiconque ouvrirait une école de garçons sans avoir rempli les conditions voulues. Cette pénalité avait été étendue aux

ne se méprenne sur le caractère de cette politique protestantisante, Louis-Philippe provoque des alliances protestantes; et au grand scandale de la France catholique et de toute la catholicité, il appelle au trône de saint Louis, par son fils aîné, une femme étrangère et protestante. Mais Dieu frappe un coup terrible et brise contre un pavé l'héritier d'une couronne déjà à demi protestante (1). Après cette exécution de la justice du ciel, Dieu attend encore avec sa longanimité ordinaire. Mais c'est en vain : on continue toujours, sous un premier ministre protestant, le même système de persécution contre l'Église: tout se corrompt par l'enseignement public; et on refuse opiniâtrément jusqu'à la fin la liberté de l'enseignement promise par la charte. Et,

---

classes d'adultes par un arrêté du Conseil royal, du 22 mars 1836; aux écoles des filles, par une ordonnance royale du 22 juin 1836; aux salles d'asile, par une autre ordonnance du 23 juin 1837; aux ouvroirs de jeunes filles, par un réglement du Conseil royal, du 30 octobre 1838... A dater du 22 mars 1838, l'enseignement, sans brevet, de la lecture, de l'écriture, et même quelquefois du catéchisme et de la couture, était devenu un véritable délit et puni comme tel. Quel luxe de prévoyances et de précautions pour tout prendre et pour tout perdre!

(1) Les trois enfants de Louis-Philippe, qui ont été alliés à des protestants, sont morts jeunes tous les trois. Quelle terrible leçon aux princes catholiques qui recherchent des alliances protestantes!

comme si toutes ces énormités n'eussent pas suffi pour combler la mesure du mal, on y ajoute la profanation scandaleuse du saint jour du Dimanche; on change par une autre profanation sacrilége un temple catholique en un temple d'idoles, pour y conserver les cendres impures des deux impies qui ont dépravé et perdu la France; on condamne injustement et brutalement plusieurs vénérables prélats, parce qu'ils défendaient les droits imprescriptibles de l'Église; une politique impie défend tout concile, toute réunion ecclésiastique, refuse aux évêques d'avoir des rapports avec le Souverain-Pontife, et, ce qui est peut-être plus énorme encore, d'avoir des rapports entre eux, même par simple correspondance épistolaire. Et, pour qu'enfin rien ne manque à ce système d'iniquité satanique, on refuse des aumôniers aux régiments et aux vaisseaux de l'État (1). C'est une injustice et une cruauté envers nos soldats et nos marins qui donnent leur vie pour le salut de leur ingrate patrie. Malheur à un gouvernement qui laisse commettre de pareilles iniquités! Si l'État n'a pas de religion, le soldat, en général, conserve au moins la Foi dans le cœur; et en payant à son pays le tribut de son sang, il acquiert au moins

____

(1) Les aumôniers viennent d'être rétablis sur nos flottes, grâce au gouvernement de la République.

le droit de tous les citoyens français, celui de recevoir à son moment suprême les consolations de la religion, les sacrements de l'Église et le gage de son salut éternel. Eh bien! le soldat qui meurt pour la défense de son pays, sur une terre étrangère, loin de ses parents, abandonné de tout le monde, est injustement privé de tous ces avantages, qui sont désormais tout son bien et toutes ses espérances. Quelle est donc la nation, quelle est donc la législation impie et sauvage qui souffre de pareils crimes de lèse-humanité et de lèse-société!!! Et vous voulez que le ciel souffre tous ces désordres monstrueux : c'est impossible.

Aussi Dieu, justement irrité, renverse et brise comme un vase d'argile Louis-Philippe qui n'a tenu aucun compte de tous les avertissements du ciel (1). Leçon terrible que donne la Providence

---

(1) « Il manquait, dit M. le duc de Valmy, à la monarchie de 1830 ce qui avait manqué à toutes les œuvres de la révolution française, et ce qui les avait rendues si fragiles ; il lui manquait le ciment des principes religieux, sans lequel aucun établissement humain ne saurait être durable.

« La monarchie de 1830 nous a conduits au socialisme, parce qu'elle était la monarchie du principe révolutionnaire, le satellite obligé des libres penseurs et l'esclave des intérêts matériels. Elle serait encore forcément le symbole de l'incrédulité et la préface du socialisme; autant

aux chefs des nations qui, dans leur règne impie, la méconnaissent ou la méprisent. *Et nunc, reges, intelligite.* (Ps. 2.) Que les rois et les chefs des peuples n'oublient donc pas que, suivant la politique de Dieu, les crimes politiques des rois et des nations contre Dieu ou contre la religion sont toujours punis ici-bas par des châtiments temporels et visibles. Dieu dit aux rois, aux empereurs et à tous les chefs des nations : Tu iras jusque-là et point au-delà : *Usque hùc venies et non procedesампliùs.* (Job, xxxviii-11.) Quand la mesure d'iniquité est comblée, le Seigneur commence son œuvre et arrête l'homme d'un jour qui, enivré de la fumée de l'adulation, se croyait immortel et presque un demi-dieu sur la terre. Nous pourrions en citer une foule d'exemples; un seul, mais fameux, nous suffira. Tant que Napoléon n'a pas mis la main sur l'Église dans la personne de ses ministres ou de son Chef, il a été grand et heureux. Mais, du moment qu'il oublie Dieu de qui il tient tout, soudain baisse et décline sa haute et incomparable fortune. Menacé d'excommunication par Pie VII,

---

vaudrait couronner Voltaire et Rousseau : ce serait moins royal, mais ce serait plus sincère. » (*De la force du droit et du droit de la force, ou de la restauration du droit divin dans l'ordre social, et du droit national dans l'ordre politique.*)

pour avoir manqué à sa promesse et envahi le
domaine temporel et spirituel de l'Église ro-
maine, Napoléon reproche en 1806, à ce Pape,
de laisser périr les âmes, d'être un fauteur d'hérétiques, en ne déclarant pas la guerre aux Anglais, aux Suédois et aux Russes; il écrit l'année
suivante à son beau-fils, en parlant de l'excommunication : « Le Pape, qui se porterait à une
telle démarche, cesserait d'être Pape à mes yeux;
je ne le considérerais que comme l'*anté-christ*
envoyé pour bouleverser le monde et faire du
mal aux hommes.... Que veut faire Pie VII en
me dénonçant à la chrétienté? Mettre mon trône
en interdit, m'excommunier? Pense-t-il alors que
LES ARMES TOMBERONT DES MAINS DE MES SOLDATS...?
Je ne craindrai pas de réunir les Églises gallicane, italienne, allemande, polonaise, *pour faire
mes affaires sans Pape* ».

Ainsi parlait Napoléon le 22 juillet 1807. L'excommunication est prononcée le 10 juin 1809.
En 1811, l'empereur réunit les évêques d'Italie
et de France, pour essayer de faire ses affaires
sans Pape, et ne peut y réussir.

L'année suivante, en 1812, dans cette désas-
treuse et épouvantable campagne de Russie, selon le récit d'un des généraux, témoin oculaire
de cette terrible catastrophe, *les armes des soldats parurent un insupportable poids à leurs
bras glacés. Dans leurs chutes fréquentes,* LES

ARMES S'ÉCHAPPANT DE LEURS MAINS, *se brisaient et se perdaient dans la neige. S'ils se relevaient, ils s'en trouvaient privés. Ils ne les jetaient pas, la faim et le froid les leur arrachaient.* En 1814, Napoléon est réduit à abdiquer dans le même palais de Fontainebleau où il a tenu captif le Pape Pie VII. Il voit crouler tous les trônes de ses frères et beaux-frères, et meurt sur un rocher de l'Océan-Pacifique. Fasse le Ciel que les rois de la terre comprennent, avant qu'un dernier ouragan vienne briser et balayer leurs trônes, comme Daniel a prédit que serait balayée la statue prophétique de Nabuchodonosor réduite en poussière. (Voyez Artand et Rhorbacher.) *Et nunc, reges, intelligite.* (Ps. 2.)

Ainsi, dès que Napoléon a été excommunié par le Pape et qu'il a voulu *faire ses affaires sans le Pape,* son étoile a commencé à pâlir, des revers inconnus se sont préparés au loin; Dieu a tiré de ses *trésors de neiges, de thesauris nivis* (Job, xxxviii-22), un froid intolérable, l'a répandu sur les steppes de la Moscovie, et soudain voilà que toute cette puissance colossale, inouïe jusqu'alors dans les fastes de l'histoire des peuples, est ébranlée, consternée, détruite, anéantie. Car qui pourra supporter le froid de Dieu? *Ante faciem frigoris ejus quis sustinebit?* (Ps. 147.) Enfin, le grand homme est mort sur un ro-

cher perdu dans l'immensité des mers, et son fils
unique, l'héritier de sa couronne, sur une terre
étrangère. Quant à Pie VII, il est mort Pape, à
Rome, et ses successeurs continuent de régner
dans la ville éternelle, sur un trône affermi par
une durée de dix-huit siècles.

Malheur donc aux puissances, aux majestés de
la terre qui enchaînent la sainte action du Pontife de Rome et qui s'opposent à ses vues libérales
et civilisatrices; malheur enfin à qui a la coupable témérité de toucher aux oints du Seigneur!
Nolite tangere christos meos. (Ps. 104.)

Puissent tous les rois et les chefs des peuples,
en voyant passer la justice du Roi des rois, profiter de ses formidables enseignements, et surtout ne pas oublier la terrible leçon donnée par
le Dieu des armées à Napoléon, et en sa personne
à tous les despotes de la terre! Puissent-ils enfin
avoir la sagesse de ne jamais porter une atteinte
sacrilége à la religion catholique, aux libertés
de l'Église et à sa sainte et libre action sur les
peuples confiés à sa sollicitude et à sa vigilance
maternelles! Ces prévarications, ces péchés des
rois contre Dieu ne peuvent demeurer impunis
même ici-bas (1). Avis au gouvernement anglais.

----

(1) Tout gouvernement qui se prive de l'appui moral
que lui prête toujours la religion et dont il a toujours besoin, entre dans une voie bien difficile ou plutôt dans
une voie pleine de dangers, qui tôt ou tard le conduira

C'est ce péché énorme d'avoir mis Dieu hors
la loi, c'est ce crime de lèse-majesté divine qu'a
justifié et proclamé la Charte de 1830. Par là,
elle a jeté la première semence d'un mal immense, du protestantisme; c'est du vent qu'elle a
semé pour recueillir des tempêtes : *Ventum se-
minabunt et turbinem metent.* (Osée, VIII-7.)
Oui, des tempêtes; car les tempêtes et les fou-
dres qui grondent sur le monde moral et politique depuis trois siècles, sont sorties du vent
des doctrines humaines ou de l'hérésie, c'est-à-
dire de la raison orgueilleuse de l'homme, laquelle, s'érigeant en souveraine indépendante de
Dieu, a brisé tout frein et secoué toute autorité,
tant politique que religieuse et morale. (1)

à une ruine inévitable. Car, nous l'avons déjà dit, on ne
peut régner sans Dieu : *Per me reges regnant.*

Dieu sera terrible aux rois de la terre qui voudront se
passer de sa divine assistance : il leur ôtera l'esprit de sagesse et de gouvernement, c'est-à-dire son esprit, et les
abandonnera à leur propre esprit, à un esprit d'erreur et
de vertige! *Terribilis apud reges terræ.... aufert spiritum
principum.* (Ps. 75.)

(1) En dehors de l'Église catholique, il n'y a ni autorité
ni société véritables. C'est à l'Église à refaire la société en
enseignant aux hommes l'amour du travail, l'esprit de
famille, le respect de la propriété, et toutes les autres
vertus morales et sociales qu'elle seule sait enseigner avec
autorité, avec force. L'Église, si elle est rendue libre,
avec la puissance de son immense et divin levier, soulè-

Cette raison de l'homme qui n'est plus soumise à la Foi catholique, est donc devenue aujourd'hui la reine, la princesse de ce monde. C'est le *dogme humanitaire*, le *dogme rationaliste* suivant lequel, comme on a l'horrible audace de l'enseigner, la *raison humaine est l'unique médiateur entre Dieu et l'homme; c'est la révélation, c'est le Verbe fait chair.* Cette nouvelle déesse, inconnue aux païens eux-mêmes, a sa religion, son culte qui n'est autre que la philosophie rationaliste et anticatholique de notre époque. Ses prêtres, ce sont les philosophes rationalistes et panthéistes de nos jours. Ils ont reçu la mission légale de continuer l'œuvre de leur grand patriarche, de leur grand pontife, je ne dirai pas de Voltaire ou de Rousseau, mais de Martin Luther, qui, inspiré par le génie de l'enfer, a répandu sur le monde entier les deux semences de tous les maux, l'orgueil et la cupidité, semences qui ont étonnamment germé sur

---

vera le monde pour le renouveler et le sauver : *Commovebo cælum et terram .... movebo omnes gentes.* (Agg. 11-7.) Elle n'a pas besoin pour cela de chercher avec Archimède un point d'appui; ce point d'appui est tout trouvé depuis dix-huit siècles : c'est le roc immobile, c'est la pierre fondamentale sur laquelle est bâti l'indestructible édifice du christianisme. Rien, aucune puissance créée ne pourra jamais prévaloir contre ce divin et inébranlable fondement.

le sol de l'Europe et particulièrement dans la terre plantureuse de France.

Une partie de ces maux, c'est la révolte presque universelle contre tout principe d'autorité, soit politique, soit civile ou religieuse, et par conséquent contre tous les principes de l'ordre moral et social. De là le déchaînement de toutes les mauvaises passions, l'irruption de tous les vices, la corruption et la perte presque complète de la morale; et cela devait être, puisqu'on avait brisé le frein de tous les vices et de tous les désordres, c'est-à-dire la confession catholique et toutes les sages institutions de l'Église catholique : c'est l'œuvre du protestantisme auquel tout nous pousse fatalement aujourd'hui. Oui, la *protestantisation* de la France est inévitable, si le monopole de l'enseignement est maintenu en fait. Nous aurons donc bientôt pour nouvelle religion le protestantisme ou un certain néoprotestantisme rationaliste et éclectique, ou quelque chose d'approchant, mais qui certainement ne sera pas le catholicisme dont la génération actuelle, formée à l'image de sa bonne et alme mère, l'Université, ne paraît plus vouloir à aucun prix.

Mais qu'est-ce aujourd'hui que le protestantisme? La réponse est impossible dans le sens protestant, tant il y a, à l'heure qu'il est, dans ce qu'on appelle protestantisme, d'anarchie dogmatique et de sectes divisées à l'infini. Dans l'acception catholique, le protestantisme, c'est le rationalisme ou plutôt le déisme déguisé, comme le déisme lui-même, suivant Bossuet, n'est que l'athéisme déguisé.

Nous ne voulons point discuter ici la question dogmatique du protestantisme, ce serait peine inutile et un hors-d'œuvre par trop étranger à notre sujet. Nous nous contenterons de rapporter un court passage que nous avons cité dans un autre travail (*Le Prêtre et le Médecin devant la société*) : « Quelle est profonde la dégradation du ministère évangélique en Angleterre! Il en est de même dans tous les pays où règne en souveraine l'hérésie luthérienne ou calviniste. Nous ne parlons pas ici de cette prodigieuse multiplicité de sectes ou plutôt de folies religieuses que l'on voit éclore chaque année chez les protestants d'Allemagne, d'Amérique, d'Angleterre, etc. Nous ne voulons citer qu'un fait en passant : Londres et sa banlieue comptent aujourd'hui *cent neuf religions* seulement! Quelle nation religieuse! » C'est donc avec raison que M. Guizot appelle sérieusement la sainte Albion *la religieuse Angleterre*. Il aurait pu ajouter les épithètes *tolerante* et *protectrice;* car les Anglais, qui ne sont pas difficiles sur l'article, protégeront toutes les religions, fût-ce même l'idolâtrie, quand leur intérêt ou leur esprit mercantile le commandera. Et en effet, n'a-t-on pas vu « l'Angleterre prescrire dans le plus minutieux détail, à ses agents du Canada, d'odieuses mesures de persécution contre la religion catholique, et en même temps garantir par un traité solennel aux habitants de l'île de Ceylan la liberté de l'idolâtrie; assister par ambassadeurs aux cérémonies religieuses de ces peuples, et offrir à leurs divinités des dons sacriléges! » (*Indifférence en matière de religion,* t. 1). On a vu aussi partir de Londres, sur le même navire, des fournitures d'idoles pour les Indiens, et des missionnaires protestants pour prêcher l'Évangile en Amérique. C'est l'*auri sacra fames,* ou jamais!

§ II.

Mais on dira peut-être que la société est aussi bien organisée dans les États protestants que dans les pays catholiques. Oui, peut-être, si on la considère de loin, superficiellement et matériellement. Nous ne pouvons entrer ici dans des détails que ne comporte pas la nature de cet écrit; d'ailleurs nous ne ferions que rappeler des vérités connues de toutes les personnes de bonne foi et suffisamment instruites dans la religion catholique. Nous n'opposerons aux adversaires du catholicisme qu'un seul fait bien frappant et bien remarquable, quoiqu'il soit peu remarqué par le vulgaire des observateurs. Nous ne parlerons ici que des protestants anglais ou de la *religieuse Angleterre,* c'est-à-dire, de la meilleure nation protestante du monde, dans laquelle, suivant M. Guizot, *la Foi chrétienne a conservé le plus de vie.*

Or, voici le fait accablant que nous opposons aux fauteurs du protestantisme. Ce fait qu'ils sont forcés de reconnaître et d'admettre comme invinciblement et statistiquement prouvé, c'est quë, depuis la grande hérésie de Luther, la *folie* et le *suicide* sont devenus endémiques dans les pays protestants et surtout en Angleterre, terre classique de la folie et du suicide. Schœn, auteur protestant, convient que le suicide est plus fréquent chez les peuples protestants que chez les catholiques. (*Statistique générale et raisonnée de la civilisation européenne.*) M. Tissot, d'après Casimir Broussais, constate la même vérité.

Chez les Anglais et les Irlandais, hormis la Foi religieuse, tout est identique : pays, climat, caractère national, langue, législation, mœurs nationales, etc., et cependant quelle différence proportionnelle entre le nombre des folies et des suicides de l'Irlande catholique et de l'Angleterre protestante? Je me trompe, l'identité n'est pas absolue entre ces deux peuples; leur condition matérielle n'est pas la même. L'Angleterre est dans l'opulence, l'Irlande a pour apanage la pauvreté; mais ce n'est pas la pauvreté avec la Foi, c'est la richesse sans la Foi qui produit le *tædium vitæ* et le *spleen* des Anglais, c'est-à-dire, la folie et le suicide.

L'Espagne et l'Italie présentent aussi beaucoup moins de fous et de suicides que toutes les autres nations, parce que la Foi catholique y est encore plus vivace et plus active, bien que ces contrées offrent les circonstances les plus propres au développement des exaltations mentales, comme entre autres le caractère national de ces peuples constamment surexcités par la vive ardeur du climat.

Déjà, en 1821, l'auteur de l'*Essai sur l'indifférence en matière de religion* avait constaté ce fait si singulièrement remarquable. Voici ses paroles : « Sous le règne de Henri VIII, le nombre des fous augmenta prodigieusement en Angleterre, et depuis il a toujours été croissant; il augmente de même chaque année en France. Nous sommes persuadé qu'il y a trente ans l'Espagne était le pays de l'Europe où il y en avait le moins; ils s'y multiplieront sans aucun doute à mesure que la Foi diminuera. Un médecin italien avait calculé, dans le dernier siècle, qu'il existait en Italie, proportionnellement à la population, dix-sept fois moins de fous que dans les contrées protestantes ».

Esquirol parle dans le même sens. L'Espagne et l'Italie, dit-il, comptent dix-sept fois moins de fous que les autres nations, malgré dix-sept fois plus de causes apparentes d'en donner davantage.

Dans la séance du 7 février 1838, un pair de France soutenait que le scepticisme et l'irréligion sont les causes les plus agissantes dans l'augmentation du nombre des aliénés, et que, depuis Henri VIII, ce nombre s'est prodigieusement accru en Angleterre. D'un autre côté, le ministre de l'intérieur regardait comme certain que l'aliénation provient surtout des vices qui affligent l'humanité, et il ne croyait pas qu'il y eût à ce sujet division dans la Chambre.

Ce que l'on vient de dire sur les fous doit s'appliquer de tout point aux suicides, puisque le suicide et la folie reconnaissent les mêmes causes, c'est-à-dire, le scepticisme, l'irréligion, les vices et les passions. Avant le 16e siècle, le suicide était à peine connu en Europe; la folie y était également fort rare. L'un et l'autre nous sont évidemment venus avec le protestantisme. Quelle est donc cette religion qui laisse perdre aux hommes la raison ou la vie?

Cette fréquence désolante des suicides dans *la religieuse Angleterre* n'étonnera pas, quand on considère un peu de près les mœurs et l'ignorance profonde de la religion dans le rang infime de la société anglaise. En Angleterre, a dit naguère M. L. Veuillot, d'après d'autres publicistes, « le mot de peuple est synonyme d'ignorance, de misère et d'abrutissement.... Le bas peuple anglais, malgré les récentes améliorations apportées à son sort, est encore le plus misérable en tous sens, qui soit sur la terre... Les marguilliers se sont attachés à sa chair comme des taons, les fabricants l'ont traité comme la houille que dévorent leurs fourneaux. L'Église épiscopale n'y a pas pris garde : ce n'est pas elle qui a élevé la voix pour qu'on eût enfin pitié de ce bétail humain... » Le concubinage y est la base commune de la famille. Un témoin, M. Elwin, parle ainsi d'un certain quartier de Bath : « Un des caractères principaux de cette masse d'infamies physiques et morales, est le nombre énorme des enfants illégitimes...On y regarde le mariage comme une cérémonie superflue, qui ne vaut pas la petite somme nécessaire pour le contracter.... (1) La conscience y est étouffée, et l'opinion publique, qui souvent tient lieu (en Angleterre surtout) de principes, n'y est jamais entendue,

----

(1) Au commencement de ce siècle, M. de Bonald disait, en parlant du divorce : « On ne connaît plus ni mariage, ni paternité; un homme a sa femelle et ses petits, voilà tout, et encore souvent ne sait-on à qui ils appartiennent ».

ou plutôt la vertu y est traitée avec le mépris dont on accable ailleurs le vice... » Dans un autre rapport, d'un autre témoin, sur une autre ville, on lit ces étranges paroles : « Ici les classes ouvrières ont complètement abandonné les éléments mêmes de la société chrétienne. Je demandai à quelques enfants leurs noms, ils hésitaient à me répondre. — Le fait est, observa le surintendant de la police, qu'ils n'ont réellement pas de noms. Dans cette rangée de maisons, je vous trouverais *un millier d'enfants sans noms,* ou qui n'ont jamais eu que des surnoms, d'après leurs qualités particulières. » (*De l'action de la noblesse et des classes supérieures dans les sociétés modernes,* par MM. Mounier et Rubichon.) Lecteur, tirez vous-même la conclusion d'une pareille énormité.

On peut juger, d'après cela, quelle doit être la corruption des mœurs de ce peuple dégradé et abruti. En 1844, la presse anglaise nous révéla que, dans la seule ville de Londres, on compte quarante mille femmes de mauvaise vie, qui coûtent annuellement deux cent millions (1). C'est un fait que nulle part les mœurs ne sont plus corrompues qu'en Angleterre. On nous a

---

(1) Il est probable que la statistique anglaise a commis une erreur de chiffre, et qu'il faut lire deux cent mille francs au lieu de deux cent millions.

assuré, que parmi ces femmes perdues figure un très-grand nombre de filles de ministres protestants.

La femme protestante en Angleterre est avilie, même souvent dans la haute classe de la société, où elle n'est que la première servante de la maison. Et la raison en est, c'est que le culte de *Marie*, qui élève et glorifie la femme, y est aboli, la virginité méprisée et les lois de la famille chrétienne presque entièrement méconnues. On sait qu'en Angleterre on trafique quelquefois des femmes et des enfants, car chez les Anglais tout devient marchandise : la femme et les enfants sont une chose, *res*, comme autrefois chez les païens, des meubles vivants, une matière vendable.

Qui ne connaît encore l'inconcevable torture que l'on fait subir aux pauvres enfants, employés et exploités comme des animaux dans les fabriques et les usines qui couvrent l'Angleterre? Là, enfermés dans des réduits souvent humides et toujours malsains, ces petits malheureux de 7, 8 et 9 ans, couchés la nuit au-dessus de leur métier, dans une espèce de hamac, pour ménager la place, travaillent jusqu'à 12 et 15 heures par jour. Les voilà pour la vie transformés en machines dont ils deviennent partie intégrante et inséparable, ils en sont l'âme; mais, pour eux, ils n'ont plus d'âme, elle est passée tout entière à leur machine.... Quand ces pauvres petits tombent épuisés de fatigue et accablés de sommeil, on les excite par des coups pour les tenir éveillés. Quand enfin ils n'en peuvent plus de lassitude, et que leurs jambes faibles et atrophiées refusent de les porter, on les leur emprisonne dans des espèces de bottes en fer-blanc, afin qu'ils puissent rester debout pour continuer leur travail. (*Discussion de la loi sur le travail à la Chambre des communes.* 1843.)

Quant aux mœurs des ouvriers adultes, tout enfoncés et perdus dans la matière, figurez-vous, si vous le pouvez, ce qu'elles peuvent être au milieu de ces travaux d'usines, de fabriques et d'ateliers immenses, où l'on n'entend que le grincement du fer contre le fer, le gémissement perçant des poulies, le cri déchirant des crics, le bruit des leviers, des pistons, des cylindres, des roues, des machines de toute espèce; le choc terrible des balanciers et de ces masses énormes de fer qui font l'office de marteaux. Ajoutez à cela les brasiers ardents des fourneaux qui ne s'éteignent jamais, le sifflement des chaudières, les spirales de la vapeur, le roulement des wagons, un air embrasé, le parfum de la houille et des émanations délétères des produits chimiques; la cohue, le tumulte, les cris, les vociférations, les hurlements et les jurements des travailleurs échauffés par de larges libations de *brandy*, de

whisky, de *gin*, de *beer* et de *porter;* l'activité
fiévreuse et bouillonnante de ces hommes à figure
hâve, sinistre, patibulaire, qui poursuivent leur
travail avec une rage frénétique, et soutiennent
jusqu'à la mort cette lutte acharnée de la chair
avec la vapeur, le fer et le feu. N'est-ce pas là une
véritable image de l'enfer? (1)

Une pareille surexcitation physique et morale,
jointe à d'autres mauvaises passions, n'est-elle
pas capable de produire, chez les hommes dépourvus de tout sentiment religieux et moral, et
de toute instruction et consolation religieuse,
des explosions de fureur maniaque, de folie et de
suicide? Voilà l'homme tel que l'a fait le protestantisme.

Quant à la criminalité, le *Staterman*, journal
de Londres, affirmait, il y a 7 à 8 ans, qu'il y a
deux fois autant de criminels en Angleterre qu'en

______

(1) Il résulte des tables de mortalité en Angleterre, une
donnée aussi curieuse qu'originale, c'est que le soldat com-
battant sur la tranchée d'une ville assiégée, ou sur un
champ de bataille, en présence du plus brave de ses ennemis, est exposé à moins de chances de mort que l'habi-
tant de certaines villes manufacturières d'Angleterre, telles
que Manchester, Liverpool, etc. La chance de mort au
siége d'Anvers était comme 1 à 68; au siége de Badajoz,
comme 1 à 54; à la bataille de Waterloo, 1 à 3o. Pour
l'ouvrier de Liverpool, la chance de mort est comme 1 à
19; pour le tisserand de Manchester, comme 1 à 17; pour
le coutelier de Scheffield, comme 1 à 14.

France. Il y a plus : sir Lambert vient de communiquer à la société royale d'Edimbourg, un travail de statistique auquel il s'est livré sur la criminalité de la Grande-Bretagne ; voici les faits numériques qu'il donne. En comparant les rapports des crimes à la population moyenne dans le Royaume-Uni et en France pendant cinq années, de 1844 à 1849, on trouve :

« 1. Que le meurtre est au moins quatre fois plus fréquent dans les îles britanniques qu'en France, même quand ce dernier pays est en état de révolution ;

« 2. Que l'assassinat y est au moins deux fois plus fréquent ;

« 3. Que le vol y est six à sept fois plus multiplié ;

« 4. Que l'incendie est un peu plus rare ;

« 5. Que les vols constatés devant les cours d'assises et la police correctionnelle, y sont quatre fois aussi nombreux, quand on considère leur nombre d'une manière absolue, et qu'ils y sont au moins quintuples, quand on tient compte du rapport de la population des deux pays.

« 6. Qu'il y a neuf fois autant d'individus condamnés, année moyenne, dans le Royaume-Uni, qu'il y en a eu en France, proportionnellement à la population ; que les exécutions sont trois fois plus fortes en Angleterre qu'en France, toujours relativement à la population. »

Mais les classes supérieures de la *religieuse Angleterre* sont-elles à l'abri de tout reproche? Nous ne voulons ni ne pouvons sonder cette nouvelle plaie. Nous nous contenterons de répondre à cette question par cette seule ligne du docteur King : *Our governement makes no difference between a bishop's wife and his concubine.* Notre gouvernement ne fait aucune différence entre la femme d'un évêque et sa concubine. Jugez par là du reste. *Ex uno disce omnes.*

Nous ne parlons pas ici de l'affreux chancre du paupérisme qui dévore l'Angleterre : c'est trop connu. Suivant M. Magendie, dans la paroisse de Sunderland, qui contient 17,000 habitants, 14,000 sont sur la liste des pauvres. — A Liverpool, au sein de cette cité si opulente, sur trois individus il y a un pauvre. (Voyez Cobbett, le *Monthy-Magazine,* l'*Eclectic-Rewiew;* le *Discours* de lord Ashley à *la Chambre des communes* en 1843; voyez aussi *l'Histoire de la société domestique,* par M. l'abbé Gaume).

§ III.

Encore quelques mots sur les Anglais. Pourquoi cette éternelle, cette radicale et irrémédiable stérilité du ministère protestant et des missions anglicanes? Par la raison toute simple et péremptoire qu'on ne donne pas ce que l'on n'a pas,

c'est-à-dire l'élément catholique, qui fait les
frères et les sœurs pour instruire les ignorants
et soigner les malades, qui fait les saints missionnaires pour porter la *bonne nouvelle* aux peuplades barbares et sauvages de tous les points du
globe.

Il ne suffit pas d'avoir de l'or et des Bibles (1)
pour faire l'œuvre de Dieu; il faut avoir des paroles de vérité sur les lèvres, et du sang dans les
veines pour le répandre et en féconder les champs
évangéliques; c'est-à-dire, pour parler sans figu-
res, il faut posséder la vérité avec l'esprit d'abnégation, de dévouement et de sacrifice; en un
mot, il faut avoir la charité. Or, cette charité qui
opère des merveilles de conversion et de civilisation, le ministère protestant, qui est essentiellement froid et égoïste, ne l'a point, ni ne peut
l'avoir, parce qu'il n'est pas dans la vérité : la Foi
catholique seul la donne à ses ministres. Au reste,
les ministres protestants en conviennent par des

---

(1) Les Anglais dépensent plus de cinquante millions par
an pour leurs missions qui ne convertissent personne. Vou-
lez-vous savoir à quel chiffre se monte leur énorme consom-
mation de Bibles falsifiées et traduites en 138 langues ou
dialectes ? à la bagatelle de *vingt millions,* en quarante-
trois ans ! Vingt millions de Bibles ! Il y a long-temps que
l'univers serait converti, si l'on convertissait avec des Bibles. C'est la lettre morte des protestants.

aveux curieux, s'ils n'étaient tristes et lamentables.

On cite un mandement de l'évêque protestant de Dublin, qui porte : « Un protestant qui se trouve atteint d'une maladie contagieuse, est obligé de ne pas exposer son pasteur au danger de gagner cette maladie, en l'appelant auprès de lui ». C'est fort prudent; car, si malheureusement le ministre venait à être victime de son zèle presbytérien, que deviendront sa pauvre famille, sa femme et ses enfants? Mais aussi en attendant que deviendront les malades? qui leur donnera quelques consolations religieuses à leur heure suprême? Personne. Il leur est défendu de les demander à leur ministre. Ils n'ont qu'à mourir tout seuls et comme ils pourront. Il arrive assez souvent, en pareille occurrence, qu'on a recours au ministère d'un prêtre catholique; et celui-ci, comme on pense bien, ne se fait pas prier deux fois; il s'y rend, court et vole. Où est la vérité? là où est la charité. Ce beau courage des protestants n'est pas nouveau; il remonte au commencement de la prétendue réforme, il est né avec elle.

« En 1543, Genève fut visitée par une peste affreuse qui décima ses habitants : quelques germes de la maladie, apportés à Lyon, s'y développèrent promptement. A Genève, les ministres calvinistes se présentèrent au conseil municipal, avouant qu'il serait de leur devoir d'aller consoler les pestiférés, mais qu'aucun d'eux n'aurait assez de courage pour le faire, priant le conseil de leur pardonner leur faiblesse, Dieu ne leur ayant pas accordé la grâce de voir et d'affronter le péril avec l'intrépidité nécessaire. Et Calvin se montra encore plus couard devant la mort : il obtint que défense fût faite de choisir maître Jean (Calvin) pour aller secourir les malades, attendu les grands besoins que l'église et l'État avaient de lui. Or, tout ceci est écrit textuellement et gardé comme un monument éternel de honte à la mémoire des prédicants génevois, aux archives mêmes de la République. A Lyon, au contraire, au premier mot de peste, tous les prêtres malades, infirmes même, s'étaient présentés à l'archevêque, demandant à porter secours à leurs frères et à mourir de la mort des martyrs, si Dieu était assez bon pour couronner leur dévouement. » (*Histoire univ. de l'Église catholique*, par Rohrbacher, t. XXIII, p. 440.)

Si les ministres protestants ont peur de la peste, ils ont encore une bien plus grande peur du catholicisme, et pour cause. C'est ce que nous voyons aujourd'hui en Angleterre, où les ministres et les évêques anglicans se sont tout-à-coup si vivement émus à l'occasion de la hiérarchie catholique décrétée par le Souverain-Pontife. Je m'imagine qu'ils ne s'embarrassent que médio-

crement de la couronne de Victoria, leur grâ-
cieuse reine; mais qu'ils se préoccupent beaucoup plus de leurs riches prébendes et de leurs
exorbitants revenus. Au reste, cela ne nous étonne
pas; mais ce qui nous surprend beaucoup, c'est
de voir le gouvernement anglais se laisser prendre aux ruses et aux piéges presbytériens. Il faut
que lord John Russell soit un homme d'état
d'une pénétration fort ordinaire, et un esprit
myope, pour ne pas voir plus clair dans cette
misérable intrigue, et pour se laisser mystifier et
perdre par le clergé anglican, en voulant com-
battre niaisement un être de raison, une chi-
mère, une chose qui échappe à son action. Au
reste, l'Église possèdera sa constitution régulière, normale, ou l'Angleterre subira l'odieuse
flétrissure qui s'attache aux gouvernements per-
sécuteurs, c'est-à-dire qu'elle sera l'objet du juste
mépris de toute l'Europe.

Le gouvernement américain est doué de plus
de tact et de sens politique. Aussi la République
des États-Unis a sollicité du Pape la hiérarchie
épiscopale que repoussent stupidement les Anglais. Le roi de Prusse lui-même imite sagement
les Américains; les Hollandais aussi veulent entrer dans la même voie. Je doute fort que le
Grand-Turc et l'empereur de la Chine fassent
jamais ce que vient de faire si impolitiquement le
chef du gouvernement britannique.

Voilà où le *libre examen* a conduit l'église d'Angleterre.

Nous engageons beaucoup lord John Russell à vérifier et à scruter, avec la lumière du *libre examen*, les faits et gestes de l'église anglicane. Le *libre examen* apprendra à Sa Seigneurie que son église est une usurpatrice qui s'est gorgée de spoliations et de confiscations; le *libre examen* lui apprendra d'où vient la corruption profonde de la morale; le *libre examen* lui apprendra d'où viennent l'ignorance et l'abrutissement du peuple; le *libre examen* lui apprendra d'où vient l'incroyable misère du bas peuple; le *libre examen* lui apprendra d'où viennent les abus du pouvoir, et l'état affreux de l'Irlande qu'on laisse mourir littéralement de faim en lui enlevant presque toutes ses subsistances.

Que lord John Russell veuille bien encore appliquer le principe du *libre examen* à l'état de choses qui existait avant Henri VIII. Son *libre examen* lui apprendra qu'alors la taxe des pauvres était inconnue; et que les pauvres (il y en avait sans doute, car il y en a eu et il y en aura toujours sous une forme ou sous une autre, quoi qu'on dise et quoi qu'on fasse), les pauvres alors étaient nourris par le clergé catholique et par les nombreux couvents catholiques. Le *libre examen* lui apprendra finalement qu'alors le peuple était moral, vertueux et heureux.

Après cela, que l'Angleterre protestante, au lieu de crier : *No popery!* crie : *Vive le libre examen qui nous a révélé tant de vérités !*

Ce que l'on vient de lire sur le gouvernement anglais, était écrit avant la chute ou l'échec de lord John Russell.

§ IV.

Si l'État, en France, conserve la suprématie de fait en matière d'enseignement et d'éducation, et si l'influence de cet enseignement de l'État n'est pas suffisamment contrebalancée par l'enseignement catholique qu'autorise la loi du 15 mars 1850, l'enseignement universitaire changera par là tôt ou tard, et inévitablement, le culte ou la religion du peuple; c'est-à-dire que les tendances de l'enseignement de l'État ou de l'Université étant essentiellement rationalistes et anticatholiques, ou ennemies de Rome, nous aurons bientôt aussi, comme en Angleterre, une religion nationale, libre et indépendante. Car, dit-on : « Il faut secouer le joug despotique du *souverain étranger* et de la dictature religieuse et morale de Rome, qui ne sont plus de notre temps ni dans nos mœurs ». Voilà ce que l'on enseigne d'une manière implicite et adéquate dans l'Université et au collège de France. Ainsi la suprématie de l'État sur l'enseignement public impliquera la suprématie sur les idées et sur les doctrines. Or ces idées et ces doctrines, ennemies de toute révélation divine, se traduiront par le déisme, c'est-à-dire, par le protestantisme, qui, comme nous l'avons déjà dit, n'est au fond que le déisme déguisé, comme le déisme lui-même n'est que l'athéisme déguisé. Ce sera la conséquence logique du nouveau dogme inscrit dans nos nouvelles chartes : *Liberté des cultes.*

Avec cette liberté illimitée des cultes religieux, également protégés par l'État, nous sommes devenus trop religieux. Comme les anciens Romains, nous adoptons tous les dieux ou toutes les religions. Mais reconnaître tous les cultes, c'est au fond n'en reconnaître aucun comme vrai; c'est les confondre tous dans un commun mépris, ou du moins dans une commune indifférence : c'est l'athéisme déguisé.

En effet, ce principe, tel qu'il est *dogmatiquement* interprété et enseigné par l'État ou par l'Université, ce qui est tout un, conduit à la conséquence que toutes les religions sont également vraies ou également fausses, ce qui est évidemment impossible. Il n'y a qu'un Dieu, qu'un baptême, qu'une Foi, qu'un sacrifice : il ne peut donc aussi y avoir qu'une seule vraie religion, puisque la vérité est *une.* Il existe des rapports entre Dieu et l'homme : des rapports de souveraine autorité de la part de Dieu, et d'absolue dépendance du côté de l'homme : l'expression de ces rapports, c'est la religion. Mais, comme ces rapports dérivent de la nature de Dieu et de la nature de l'homme, il s'ensuit qu'ils sont nécessairement invariables et vrais : donc leur expression ou la religion est aussi nécessairement invariable et vraie, et par conséquent *une*. Et en effet, toutes les religions offrent, chacune en elle et toutes entre elles, des contradictions manifestes : donc Dieu n'en est pas l'auteur. Dieu ne peut pas dire en même temps oui et non; qu'une chose est bien et qu'elle est mal. La religion catholique est la seule exempte de contradiction; elle est, au contraire, toute brillante de raison et de vérité. C'est donc la religion catholique que l'homme raisonnable doit embrasser. Dès qu'on quittera l'unité catholique, on tombera nécessairement dans le protestantisme, dans le déisme, le matérialisme, l'athéisme ou le panthéisme. (1)

____

(1) « La constitution de l'humanité chrétienne, c'est l'Église catholique. Les peuples chrétiens, empires, royaumes, républiques, sont des membres vivants de cette Église et vivent de sa vie. La loi fondamentale des uns et des autres, et quant à leur existence, et quant à leur conservation, et quant à leur perfectionnement, c'est la Foi catholique. Au moyen-âge, cette loi était écrite à la tête de toutes les autres. Qui n'était pas catholique n'était pas citoyen. Il était donc naturel que ces républiques, ces royaumes, ces empires, que l'humanité chrétienne tout

Encore une fois, que veut-on aujourd'hui, en France, si ce n'est l'abolition du catholicisme, au moins dans une certaine classe de la société, la bourgeoisie voltairienne par exemple, conduite par l'immense cohorte de tous les rationalistes? C'est une ligue satanique, une guerre générale contre Notre-Seigneur Jésus-Christ. Presque tous, aujourd'hui, peuples et rois, grands et petits, s'élèvent contre le sauveur du monde et contre

---

entière veillât à la conservation de la Foi catholique, et qu'elle y veillât par tous les moyens qui appartiennent naturellement, soit à l'individu, soit à la nation, soit à la chrétienté entière; car c'était veiller à sa propre conservation, c'était veiller au dépôt de la civilisation véritable; car c'est un fait de toute l'histoire : où la Foi catholique disparaît, là reviennent l'ignorance et la barbarie; témoins les peuples abrutis par le mahométisme, témoins les populations grecques dégradées depuis tant de siècles par le schisme et l'hérésie. Grâces donc soient rendues aux peuples et aux rois, à la chrétienté entière du moyen-âge, d'avoir repoussé d'une part le joug abrutissant du mahométisme, et d'avoir réprimé de l'autre une hérésie, une secte plus abrutissante encore, une secte qui ne corrompt pas moins la raison que la Foi, l'intelligence que la volonté, la morale que le dogme, l'empire que l'Église; car tel était le manichéisme tant ancien que moderne. » (*Histoire universelle de l'Église catholique*, par M. l'abbé Rhorbacher, t. 16, page 427.)

Il est bon de faire observer que ce passage de M. Rhorbacher a été écrit au sujet de l'inquisition, qui a tué la secte diabolique et antisociale du manichéisme en France.

l'auteur de la vraie société et de la vraie civilisation : *Astiterunt reges terræ et principes convenerunt in unum adversùs Dominum et adversùs Christum ejus.* (Ps. 2.) On ne veut plus de son règne : *Nolumus hunc regnare super nos.* (Luc, XIX-14). Il faut donc forcément reconnaître qu'on a banni Dieu de toutes nos institutions, et que tout est ou devient athée avec et comme l'État.

Sans l'inquisition, contre laquelle le rationalisme déclame stupidement sans la connaître, la société aurait péri. Car, au fond, qu'étaient alors les hérétiques ? c'étaient d'audacieux perturbateurs, c'étaient moins des hérétiques que des rebelles, des anarchistes et des révolutionnaires. Qu'étaient les Bulgares, les Albigeois, les Cathares, les Palarins, sinon les rouges et les socialistes de cette époque ? Toutes ces sectes en voulaient autant à la puissance civile ou politique et à la propriété, qu'à l'autorité religieuse et morale. Après tout, l'inquisition, sous une forme ou sous une autre et avec un nom conforme aux diverses phases sociales, a toujours existé et existera nécessairement toujours dans une société régulière et bien ordonnée ; seulement, on en a peut-être quelquefois abusé, car on abuse de tout, même des meilleures choses. Et aujourd'hui même, on use et on abuse de l'inquisition. Un évêque, dans un mandement, n'a qu'à censurer quelque proposition gallicane, et le voilà condamné comme d'abus ; un curé, dans son prône, présente avec ou sans dessein quelque allusion politique, et aussitôt s'organise contre lui une enquête inquisitoriale, et on condamne le prêtre. Voilà donc encore de l'inquisition en plein 19ᵉ siècle !

Mais, sous l'empire de l'athéisme légal, que deviendra le droit public de la nation? Sur quoi reposera-t-il? sur la force. Mais la force ne fait pas le droit. Et lorsque l'autorité n'est plus que la force, que la morale n'est plus que la force, que la raison n'est plus que la force, les noms de devoir, de justice, de probité, de bonne foi, n'ont plus de sens; toutes les vertus périssent, faute de raison d'être.

Tout repose alors, dit Bossuet, sur une liberté farouche et sauvage, où chacun peut tout prétendre et en même temps tout contester; où la raison ne peut rien, parce que chacun appelle raison la passion qui le transporte; où le droit même de la nature demeure sans force, puisque la raison n'en a pas; où, par conséquent, il n'y a ni propriété, ni domaine, ni bien, ni repos assuré, ni à vrai dire aucun droit, si ce n'est celui du plus fort; encore ne sait-on jamais qui l'est, puisque chacun, à son tour, peut le devenir, selon que les passions feront conjurer ensemble plus ou moins de gens.

Si la religion catholique n'est pas rétablie en France dans tous ses droits dont elle a joui pendant près de quatorze siècles; si d'un autre côté, l'enseignement universitaire est maintenu, et que son influence ne soit pas suffisamment contrebalancée par l'enseignement catholique libre, nous affirmons hardiment que la France sera protestante bien avant la fin du 19ᵉ siècle, ou du moins elle ne sera plus catholique. (1)

----

(1) Pourquoi, au point de vue catholique, l'Université n'a-t-elle pas conservé la constitution primitive de 1808, qui lui fut donnée par Napoléon? « On venait d'organiser l'enseignement public; il était question de lui donner une base. Après vingt-trois mises sur le métier, le conseiller Fourcroy avait proposé un projet de décret dont l'article 38 disait : « Toutes les écoles de l'Université prendront « pour base de leur enseignement les préceptes de la reli- « gion chrétienne ». L'empereur trouva que le mot n'était pas assez explicite; il effaça *chrétienne* et mit *catholique.* » (Historique.)

L'Université, qui vante toujours les institutions impériales, pourquoi ne se conforme-t-elle donc pas à ce décret impérial de Napoléon, qui lui prescrit de baser son enseignement sur les préceptes de la religion *catholique?*

Pourquoi aussi M. Thiers, dans son discours du 18 janvier 1850, où il entre dans les moindres détails sur l'organisation de l'Université faite par Napoléon, n'a-t-il pas mentionné ce mot célèbre, ce mot historique de l'empereur : CATHOLIQUE? Il a préféré dire, avec peu de respect pour la vérité, que *l'enseignement de l'Université était aussi moral que celui des établissements religieux.* O vérité! où êtes-vous?

Sans ce mot CATHOLIQUE de Napoléon, la France serait peut-être déjà protestante à l'heure qu'il est, et nous serions aujourd'hui comme les Anglais et les Américains, moins leur liberté.

On sait aussi que, par un autre article du décret constitutif de l'Université, Napoléon astreignait les professeurs au célibat.

Donc, pour prévenir ces maux déplorables, il faut reconstituer la société catholique sur ses anciennes bases (1), lui rendre toute la puissance de sa divine autorité, en déclarant le catholicisme la religion de l'État, comme principe fondamental d'où doivent dériver toute autorité politique et civile, et toute sanction morale. Voilà, selon nous, le principe du droit divin dont on a tant parlé depuis quelques années sans vouloir le comprendre; car tout droit qui n'est pas divin dans son principe, n'est rien : le droit ne peut venir que de Dieu seul, et non de l'homme qui n'a et ne peut avoir de lui-même que des devoirs et rien de plus.

Mais qu'est-ce que le droit divin? c'est la raison, c'est la vérité, c'est la justice. Maintenant, si l'on nous demandait ce que c'est que la légitimité, nous répondrions que c'est tout gouver-

(1) Il fallait conserver l'ancien ordre de choses, moins les abus; il ne fallait pas briser le vase pour ôter la rouille, mais le conserver après l'avoir purifié. « En détruisant les abus, a dit *l'Univers,* et en conservant ce qui était bon, vital, fécond, on pouvait organiser un gouvernement appuyé sur quatorze siècles de gloire et d'expérience, sur l'épée et la fortune de la noblesse, sur la science et la Foi de l'Église, sur ses domaines consacrés au soulagement des pauvres, sur l'activité et le génie de la bourgeoisie, et préparer ainsi un avenir magnifique, calme, heureux, auquel auraient coopéré toutes les forces, toutes les illustrations, tous les dévouements de la société. »

nement réglé par la raison, par la vérité, par la justice; et que l'illégitimité est tout gouvernement qui va contre la raison, contre la vérité, contre la justice.

Il suit de ces principes qu'un gouvernement peut être légitime avec un prince *personnellement* mauvais, et qu'un gouvernement peut être illégitime avec un prince *personnellement* bon.

Mais on dira peut-être : où est le *criterium* de vos propositions? qu'est-ce qui décidera si un gouvernement est réglé par la raison, par la vérité, par la justice? Ce *criterium*, ce sont les lois du catholicisme. Mais qui fera l'application de ces lois? l'Église catholique.

Quel sera d'après cela le meilleur gouvernement, ou plutôt le moins mauvais parmi nous? Ce sera celui qui se rapprochera le plus de la raison, de la vérité, de la justice, appréciées et jugées par l'Église catholique suivant les lois du catholicisme.

Ainsi donc, le catholicisme est, dans l'espèce, la règle de la raison, de la vérité et de la justice. Ceux qui n'admettent pas ces principes ne sont pas catholiques, et sont en dehors de la question. Nous insistons sur ce point, parce qu'aujourd'hui un grand nombre de sectes protestantes ne sont plus chrétiennes. (1)

---

(1) Une dynastie, établie par voie d'hérédité ou par droit

§ V.

Au sujet du catholicisme comme religion de l'État, notre impartialité ne nous permet pas de passer sous silence l'opinion grave et sévère d'un célèbre publiciste de nos jours, de Mgr Parisis, évêque de Langres, qui prétend qu'aujourd'hui une religion d'État est absolument impossible. Voici les paroles de cet éminent et savant prélat.

« Si, de l'aveu de tous, une religion d'État n'est pas possible ; si la reconnaissance officielle du catholicisme comme règle des lois en même temps que des mœurs, comme autorité régnant sur les institutions publiques aussi bien que sur les familles et sur les consciences individuelles, ne pourrait être parmi nous, je ne dis pas établie, mais seulement tentée, sans provoquer, et des bouleversements immédiats dans l'ordre civil, et des réactions incalculables contre le catholicisme lui-même, il faut bien en conclure que le gouvernement ne peut pas aujourd'hui, en France, avoir de religion à lui ; que, consé-

---

de naissance, doit toujours être maintenue tant que son gouvernement sera réglé par la raison, par la vérité, par la justice... Après tout, les rois sont faits pour les peuples et non les peuples pour les rois.

quemment, ne pouvant en pratiquer à la fois plusieurs sans se jeter dans des contradictions ridicules et subversives de tout ordre, il est obligé de s'abstenir, de se placer en dehors, de ne professer aucun culte légal, et ainsi de vivre constitué sans le concours immédiat des dogmes et des pratiques de la religion.

« Il y a donc des circonstances où cette forme de constitution est une nécessité, par la raison qu'une religion d'État se trouve être alors impossible.

« Or, c'est un principe universellement admis que, dans tout ce qui n'est pas essentiellement mauvais, la nécessité fait loi. Nos législateurs ont donc pu, et, si telles étaient leurs convictions consciencieuses, ils ont dû établir l'ordre de choses défini par la nouvelle charte. Voilà ce que nos doctrines religieuses reconnaissent et ce qu'elles ont reconnu dans tous les temps. » (*Cas de conscience*, p. 42. 1847.)

Nous nous inclinons devant ce haut et grave document, sauf pourtant quelques réflexions sur la phrase suivante : *dans tout ce qui n'est pas essentiellement mauvais.* C'est-à-dire, en d'autres termes, que, dans un pays catholique, un gouvernement non catholique n'est pas une chose essentiellement mauvaise. Sans doute, dans tout ce qui n'est pas essentiellement mauvais, la nécessité fait loi. Mais, avant tout, est-il bien prouvé que dans un pays catholique, sans la liberté réelle, égale, pleine et entière de l'enseignement, un gouvernement non catholique n'est pas une chose essentiellement mauvaise, au moins dans ses conséquences éloignées et inévitables ? Voilà la question.

Un État qui n'est pas catholique, est nécessairement hérétique, schismatique, rationaliste, déiste, impie ou athée. Or, il est dans la nature d'un pareil gouvernement de refuser les libertés nécessaires à l'Église catholique, ou de la persécuter d'une manière quelconque. Il ne peut pas ne pas le faire; il le fera à son su et insu, et peut-être malgré lui, mais enfin il le fera; c'est, je le répète, dans son instinct et dans sa nature; c'est pour lui une raison d'être, un moyen de conservation, une nécessité politique; car la vérité tôt ou tard le tuerait inévitablement. Un tel gouvernement est donc fatalement poussé à travailler à la destruction du catholicisme. C'est ce que le règne de Louis - Philippe a surabondamment prouvé, comme nous l'avons vu plus haut. D'ailleurs, Mgr Parisis en convient lui-même quand il dit que le but du pouvoir « est l'asservissement de l'Église par la domination inévitable d'une autocratie déguisée sous le faux nom de l'État ». (*Lib. cit.,* p. 139.)

Voilà pourquoi l'État, qui n'est pas catholique et qui conserve la suprématie en matière d'enseignement, ne donne pas la liberté réelle, égale, pleine et entière de l'enseignement, et il ne peut la donner sans se suicider. Aussi, dès que la Restauration, forcée par l'Université, a aboli, en 1828, ce qui restait de la liberté de l'enseignement, en fermant les colléges catholiques et en limitant le nombre des élèves des petits séminaires, elle s'est donné le coup de mort, et dès ce moment a commencé sa triste et douloureuse agonie. (1)

____

(1) C'est la signature d'un seul homme qui a perdu la France. Si Charles X n'avait pas eu la main forcée par l'Université pour signer la fatale ordonnance de juin 1828, la France serait encore aujourd'hui heureuse, grande et glorieuse. Cette main malheureuse, ayant été assez faible pour signer cet acte d'une immense iniquité, n'était plus dès ce moment assez ferme pour tenir le sceptre de la royauté, et la Restauration a été brisée comme elle le méritait. Louis-Philippe a été également chassé pour avoir commis la même injustice envers la France. C'est ainsi que Dieu renversera tous les rois et tous les gouvernements qui refuseront à leurs peuples la liberté la plus nécessaire et la plus vitale qu'il y ait sur la terre, à savoir la liberté de l'enseignement et de l'éducation.

Il paraît donc démontré que la Restauration se serait maintenue à l'aide de la religion catholique et de la liberté de l'enseignement telle qu'elle la posssédait alors, sans le coup de haute politique ou plutôt de haute folie de 1828, puisqu'elle possédait les deux éléments de vie et de durée, le catholicisme comme religion de l'État et la liberté de l'enseignement ou l'enseignement catholique. Ainsi, d'a-

Ce que nous venons de dire de l'influence destructive des gouvernements hérétiques sur le catholicisme, n'est que trop prouvé par l'inflexible logique de l'histoire. Qu'est-ce qui a protestantisé l'Angleterre? le roi Henri VIII. En Russie, qu'est-ce qui perd le catholicisme? le czar. Avant Luther, toute l'Europe était catholique : qui l'a rendue protestante? les rois ou les gouvernements, qui ont renié la religion catholique qui les avait rendus heureux et glorieux.

---

près cela, il ne faudrait pour sauver la France que le catholicisme comme religion de l'État et la liberté de l'enseignement telle qu'elle existait sous la Restauration avant 1828. Et, puisqu'il y a aujourd'hui un enseignement de l'État, pourquoi n'y a-t-il pas aussi une religion de l'État? Et, s'il n'y a pas de religion de l'État, pourquoi y a-t-il un enseignement de l'État?

Il est curieux de voir M. Hébert, procureur-général sous Louis-Philippe, faire l'éloge de la Restauration précisément pour l'acte le plus maladroit et le plus impolitique qu'elle ait jamais fait, et qui seul l'a perdue sans retour. Voici les paroles de ce magistrat, ancien ministre de la justice : « Comment, pendant quinze ans de restauration d'un régime qu'on n'a pas accusé, ce nous semble, de mauvais vouloir et d'hostilité contre le clergé catholique, comment ces établissements de scandale et d'immoralité auraient-ils été maintenus, fortifiés? Et comment se fait-il que *l'acte principal* de la Restauration sur l'enseignement public, l'ordonnance du 16 juin 1828, ait consacré en quelque sorte de nouveau toutes les règles du régime universitaire, en prescrivant que « nul ne pourra

Si un gouvernement hérétique ou schismatique perd tôt ou tard et inévitablement le catholicisme, que ne fera donc pas un gouvernement qui n'est plus du tout chrétien, mais rationaliste, déiste, impie, panthéiste ou athée, car tout cela au fond est la même chose? Un tel État, en détruisant peu à peu le principe vital de tout gouvernement, l'élément religieux, sapera par le fondement et la base tout l'édifice social. Suivant Platon, « celui qui ébranle la religion renverse le fondement même de la société ». « Aucun état, dit J.-J. Rousseau, ne fut fondé, que la religion ne lui servît de base. » *(Contrat social.)* « Le clergé (répondit un jour Napoléon à un conseiller d'état qui lui avait dit qu'il n'y avait plus de clergé) existe toujours, il existera tant qu'il y

---

« être ou demeurer chargé, soit de la direction, soit de
« l'enseignement, dans une des maisons dépendantes de
« l'Université, ou dans une des écoles secondaires ecclé-
« siastiques, s'il n'a affirmé par écrit qu'il n'appartient à
« aucune congrégation religieuse non légalement établie
« en France? » (*Précis* de M. l'abbé Combalot, 1844, p. 33.)

Cette tirade de M. Hébert ne prouve absolument rien contre M. l'abbé Combalot, et laisse subsister ses assertions dans toute leur force. D'ailleurs, M. Hébert n'a-t-il pas dit dans le même opuscule, p. 80, *que la loi de 1833 sur l'instruction primaire était l'un des plus grands bienfaits dont le pouvoir pût doter le pays?* Après cela, il n'y a plus rien à dire.

aura dans le peuple un esprit religieux, et cet esprit lui est inhérent; nous avons vu des républiques, des démocraties, tout ce que nous voyons, et jamais d'état sans religion, sans culte, sans prêtres ». « Si le monde, dit Voltaire, était gouverné par des athées, il vaudrait autant être sous l'empire immédiat de ces êtres infernaux qu'on nous dépeint acharnés contre leurs victimes. » *(Homélie sur l'athéisme.)*

Les gouvernements humains et la société civile sont donc impossibles sans Dieu ou sans religion : *Per me reges regnant.* (Prov. viii - 15.) Tant que tous nos hommes d'État ne s'élèveront pas plus haut et ne reconnaîtront pas l'action de Dieu sur les choses de ce monde et sur les empires humains, pour subordonner leur politique à celle de Dieu, ils ne feront jamais rien de grand et de stable pour le bonheur des peuples. Les gouvernants qui veulent se passer de l'assistance de Dieu, perdent les États. Le règne des impies est la ruine des peuples, c'est-à-dire de la société : *regnantibus impiis ruina populi.* (Prov. xxviii - 12.) La destruction de la société humaine établie par l'ordre de Dieu, est assurément une chose mauvaise et *essentiellement mauvaise.*

On objectera sans doute qu'une religion d'État est incompatible avec la charte de 1830 et la constitution de la République, attendu que la li-

berté des cultes et leur égale protection sont garanties par la constitution; mais nous ne voyons
pas clairement cette incompatibilité. Est-ce que
les protestants et les juifs n'ont pas été aussi libres
et aussi protégés dans leur culte sous Louis-Philippe que sous Charles X? Et ne le sont-ils pas
également sous le gouvernement de la République? Mais admettons cette prétendue incompatibilité, et voyons quelle en sera la conséquence. Nous avons démontré qu'un gouvernement non catholique, sans la liberté réelle, égale,
pleine et entière de l'enseignement et de l'éducation, abolirait insensiblement et nécessairement le catholicisme en France. Or, comme,
sous le régime de la constitution actuelle, la religion catholique ne peut devenir la religion de
l'État, il s'ensuit que, si la constitution n'est pas
modifiée et que le catholicisme ne devienne pas
la religion de l'État, il s'ensuit, disons-nous,
que la religion catholique sera insensiblement et
inévitablement abolie en France, comme elle l'a
été dans tous les états protestants de l'Europe,
sous des gouvernements protestants ou schisma-
tiques. C'est tout ce que nous avons voulu prou-
ver. (1)

____

(1) « C'en est fait de l'Europe (catholique), dit M. de
Bonald, si elle n'a plus de religion publique. » (*Théorie du
pouvoir.*) Nous ajoutons : Point de société sans Dieu, point

Et le catholicisme aboli, qu'aurons-nous ? Nous aurons probablement alors une espèce de protestantisme, un néo-protestantisme, perfectionné par le rationalisme, c'est-à-dire le déisme ; et après, nous aurons l'athéisme absolu, systématique : ce sera la fin de la société et le commencement du grand drame de l'univers, c'est-à-dire *le commencement de la fin.*

Alors, sous l'empire de l'athéisme universel, la charité sera bannie, un dogme dissolvant et subversif de tout ordre social lui sera substitué : ce sera l'égoïsme absolu, l'individualisme complet, ou l'amour immensément désordonné de soi et de tous ses intérêts matériels. C'est, comme on sait, le froid égoïsme qui dessèche, atrophie et endurcit insensiblement tous les cœurs, les

---

de Dieu sans religion et point de religion sans culte. Les hommes doivent à Dieu un culte intérieur, un culte extérieur et un culte public. Le culte intérieur est celui de l'âme, le culte extérieur celui de l'homme ou de la famille, et le culte public est celui de l'État ou de la société.

Si l'État n'a point de religion, comment peut-il avoir une morale ? Car la religion et les dogmes religieux sont nécessairement la base de la morale, ou plutôt il n'y a pas de morale sans religion. Cependant l'État se réserve l'inspection morale dans la loi sur l'enseignement, ce qui est évidemment contraire à la constitution, c'est-à-dire que c'est une flagrante inconstitutionnalité. Comment donc enfin inspecter la morale si l'on n'a pas de morale ?

ferme à tous les sentiments généreux, et tôt ou tard et nécessairement change toute société que la charité n'anime plus , en un assemblage hétérogène d'êtres humains forcément rapprochés par des liens purement terrestres et des nécessités physiques. Dès lors , plus de rapports possibles entre l'homme et Dieu , c'est-à-dire, plus de religion possible qui est l'expression de ces rapports; plus de morale possible qui n'est fondée que sur la religion; plus de lois possibles qui ne s'appuient que sur la morale; et par conséquent plus de société possible. Il ne restera donc alors que la barbarie, l'état sauvage, l'anthropophagie et la destruction même physique de l'homme. (1)

Voilà l'abîme insondable où peut nous conduire insensiblement et fatalement l'abolition de la religion catholique comme religion de l'État.

D'après tout ce qui précède, il nous paraît évident que l'opinion séduisante de Mgr Parisis

---

(1) La société étant l'état naturel , physiologique , *nécessaire* de l'homme, car hors de la société il ne peut ni se reproduire ni se conserver, il s'ensuit que la religion sans laquelle il ne saurait exister de société est donc aussi *nécessaire;* elle ne peut être une invention de l'homme, car l'homme n'invente pas ce qui est *nécessaire*. Il n'a point inventé la religion, pas plus qu'il n'a inventé l'air, l'eau, le feu, les aliments, etc. On ne peut se passer de ce qui est *nécessaire,* pas plus de la religion que de l'air, de l'eau, du feu, etc.

est de tout point irréalisable et inapplicable, par
la raison péremptoire qu'un passé de trois siècles
ou plutôt de dix-huit siècles se dresse contre elle;
et lui refuse sa haute sanction religieuse, morale
et sociale. Nous pensons donc qu'elle doit demeurer dans le domaine de la théorie (1), comme
exagérée et inacceptable, surtout si on l'applique
au gouvernement actuel de la République, bien
qu'au point de vue religieux, la charte de 1830
et la constitution de 1848 soient parfaitement
identiques.

Au reste, il faut se rappeler ici que Mgr Parisis a écrit en 1847, trois ans avant la publication
de la nouvelle loi sur l'enseignement, c'est-à-dire
sous l'empire de circonstances bien différentes de
celles où nous sommes placés aujourd'hui. Les

-----

(1) Cette théorie revient au principe de Bossuet, qui
est ainsi formulé : *Nous soutenons que, sans la vraie religion, un gouvernement peut être parfait, non dans
l'ordre moral, mais dans l'ordre politique, ou en ce
qui regarde les droits de la société humaine. (Défense,
liv. 1.)* Il suit de là que l'ordre politique peut être sé-
paré de l'ordre moral, c'est-à-dire, que la politique n'a
besoin ni de la religion ni de la morale, et qu'elle est
par conséquent athée de soi et par soi. Cette conséquence,
que certainement Bossuet n'admettait pas, a reçu aujourd'hui sa triste et déplorable réalisation dans presque
tous les États de l'Europe. Mais quelle est donc enfin la
perfection de ces gouvernements sans la vraie religion?
la perfection païenne, ni plus ni moins.

difficultés que le savant prélat croyait entrevoir en 1847, doivent lui paraître, ce nous semble, infiniment moindres aujourd'hui.

Enfin, on pourrait opposer à Mgr Parisis le sentiment d'un autre prélat non moins illustre que Mgr l'évêque de Langres.

« Un autre préjugé, non moins dénué de tout fondement, dit Mgr Fayet, évêque d'Orléans, c'est qu'une restauration religieuse ne pourrait s'opérer sans porter atteinte à la liberté des cultes, première condition de la liberté humaine et première nécessité des temps modernes. A Dieu ne plaise qu'il puisse y avoir une nécessité politique, pour les pouvoirs publics, de ne rendre aucun culte à Dieu et de ne professer publiquement aucune religion. Cette nécessité n'a jamais existé, elle n'existe pas, elle n'existera jamais, et la faire imposer aux grands pouvoirs de l'État par la liberté des cultes, c'est calomnier cette liberté même et la changer en une odieuse tyrannie. *Chacun professe sa religion avec une égale liberté et obtient pour son culte la même protection;* cela voudrait donc dire : il est défendu au gouvernement d'avoir aucune religion et de professer aucun culte; quelle dérision ! Si la liberté des cultes fait partie du droit public de la nation, l'autorité publique doit en jouir comme les particuliers; à moins qu'on ne soutienne que le gouvernement est hors la loi, et qu'il est con-

damné à l'esclavage par la même législation qui
rend tout le monde libre. » (1847.)

CHAPITRE II.

Intervention réelle et active du clergé dans l'œuvre de la
régénération de la société. — Éducation morale et intellectuelle de la jeunesse par l'enseignement catholique
spécialement donné par l'Église. — Reconstitution scientifique et littéraire du clergé. — Société encyclopédique
ecclésiastique. — Programme de travaux scientifiques et
littéraires nécessaires ou utiles au clergé. — Journalisme
catholique. — Organe officiel de la presse catholique,
ou moniteur unique et universel du clergé de France,
sous le haut patronage de l'épiscopat. — La Foi catholique conservée particulièrement par l'action des Communautés ou des Congrégations religieuses enseignantes,
et surtout par l'heureuse influence de la femme catholique. — Puissants motifs de croire le salut de la France
probable et plus ou moins prochain par la puissance de
l'enseignement catholique, selon que l'on remplira plus
ou moins les deux conditions nécessaires ci-dessus mentionnées.

§ I.

Il ne suffit pas d'écrire en tête d'une charte
constitutionnelle : *La religion catholique est la
religion de l'État,* il faut recatholiser la nation,
il faut rendre à la France son antique Foi catholique. C'est-à-dire qu'il faut que l'enseignement de l'État soit catholique; et, s'il ne l'est pas,

il faut que son influence anticatholique soit suffisamment contrebalancée par l'enseignement catholique libre. Voilà le vrai, l'unique moyen de régénération qui nous reste encore, et qui peut, Dieu aidant, suffire, sinon à sauver immédiatement et complètement la France, du moins à la préserver d'une ruine totale et inévitable.

La plus haute puissance de civilisation, ou de régénération morale et sociale, réside essentiellement dans l'Église catholique. Civiliser ou régénérer les hommes par l'enseignement religieux, moral et intellectuel, est une œuvre de Foi que l'Église seule peut accomplir et perfectionner. Ce principe de politique sacrée doit dominer toute la politique humaine. Il a été dit aux anciens civilisateurs du genre humain : *Euntes docete omnes gentes* (Matth. xxviii-19); allez, enseignez toutes les nations, nourrissez tous les peuples de l'aliment le plus éminemment substantiel, de la parole de vérité; portez le pain de la civilisation et les dons de la charité sur tous les points du globe, afin que toute créature reçoive, avec le salut, la vie intellectuelle, morale et sociale. Jamais dans le monde parole n'a été plus puissante et plus féconde pour changer les destinées de l'univers. Cette divine parole a apporté aux hommes une force inconnue de civilisation et de régénération morale, qui devait demeurer impérissable au milieu des ruines et des révolutions humaines. « Toute civilisation, dit M. de Maistre, commence par les prêtres, par les cérémonies religieuses, par les miracles mêmes, vrais ou faux, n'importe. Il n'y a jamais eu, il n'y aura jamais, il ne peut y avoir d'exception à cette règle. » (*Du Pape.*)

L'élément religieux est donc l'âme, le principe vital de la société; il est donc le lien des peuples et le ciment des nations. Détruisez ce lien puissant, et l'édifice social croule, et la civilisation périt. Ces propositions portent avec elles leurs preuves et trouvent leur irréfragable démonstration dans les documents de l'histoire des dix-huit derniers siècles.

Qu'était la civilisation avant l'apparition du christianisme? une civilisation ébauchée, imparfaite et imperfectible : et encore, ce qu'elle pouvait offrir de bon dans son ensemble n'était que le fruit du sentiment religieux qu'on a retrouvé chez tous les peuples ; car tous ont présenté dans leur constitution sociale, quelque imparfaite qu'elle fût, des débris traditionnels de l'ancienne civilisation due à la révélation primitive. Mais laissons là l'antiquité, et venons tout de suite aux mauvais jours de notre malheureuse époque.

Depuis plus d'un demi-siècle, l'éducation de la jeunesse, qui est la base de la vraie civilisation, se fait, en France, sous l'influence délétère du froid rationalisme qui tarit la source de la Foi et de la morale chrétienne. La société, trompée et aveuglée, attendait de cet enseignement anticatholique la science, le bonheur et le repos : elle n'y a trouvé que de nouvelles ténèbres, une misère immense, une guerre incessante et une perturbation universelle; et, si elle ne s'arrête pas sur le bord de l'abîme, elle sera fatalement et prochainement conduite à l'état sauvage, ou ce qui est pire encore, à la barbarie savante. Ce sera le résultat final du règne du rationalisme dans l'enseignement et du déisme dans la religion, c'est-à-dire de l'athéisme général et absolu.

Les lois du monde moral doivent s'exécuter comme celles du monde physique, elles ont le même caractère d'infaillibilité. Quand le soleil éclaire la terre, toute la nature se réjouit et se ranime; quand l'astre du jour disparaît de l'horizon, la nature languit, s'étiole dans les ténèbres, et à la faveur de la nuit les bêtes sauvages sortent des forêts. *Posuisti tenebras et facta est nox : in ipsâ pertransibunt omnes bestiæ sylvæ.* (Ps. 103.) Cette loi universelle s'accomplit chaque jour, sous nos yeux, depuis des milliers d'années. De même, lorsque le catholicisme, soleil des âmes et des intelligences, se retire d'un peuple, quelque civilisé qu'il puisse être, ce peuple retombe infailliblement dans les ténèbres du chaos; puis les animaux féroces sortent de leurs cavernes, viennent se disputer et dévorer les lambeaux ensanglantés de cet immense cadavre. Ainsi, comme nous l'avons déjà dit, il faut que la France soit régénérée par l'élément catholique ou religieux, ou il faut qu'elle soit détruite et dévorée par le socialisme et le communisme (1), ou enfin brutalement asservie par les barbares du Nord. (2)

De là donc l'urgente nécessité de l'action vive, efficace, énergique, incessante de l'Église sur la masse de la nation, par l'enseignement et par

---

(1) C'est un résultat inévitable si rien n'est changé dans l'état actuel des choses. Depuis l'abolition de la peine de mort en matière politique, la société est désarmée contre les grands crimes d'État; il n'y a plus assez de frein, plus assez de force de répression contre les grands conspirateurs, c'est-à-dire contre les plus grands coupables de la société. Ils peuvent désormais tout tenter et tout oser. S'ils sont pris, ils en seront quittes pour aller conspirer dans l'exil, ou se poser comme victimes dans les prisons de l'État, où ils vivront tranquillement et peut-être agréablement, jusqu'à ce que les *frères* fassent une nouvelle révolution, et viennent pour les délivrer et les conduire en triomphe.

(2) Voici un document à la fois curieux et fort grave, qui semble autoriser cette prévision : c'est le testament de Pierre Ier. « Le grand Dieu, disait le fondateur de la Russie, de qui nous tenons notre existence et notre couronne, nous ayant éclairé de ses lumières et soutenu de son appui, me permet de regarder le peuple russe comme appelé, dans l'avenir, à la domination générale de l'Eu-

l'éducation catholiques. C'est la mission actuelle et nécessaire de l'épiscopat français ou plutôt de l'Église de France tout entière.

Mais on nous criera sans doute : vous livrez l'enseignement au parti clérical et aux congrégations religieuses. Nullement, puisque l'élément laïque n'en est pas exclu. Et quand le clergé et les congrégations religieuses en seraient exclusivement chargés, quel mal réel en résulterait-il pour la société? Qu'est-ce qui a civilisé le monde? Qu'est-ce qui a formé et civilisé la France?

---

rope. Je fonde cette pensée sur ce que les nations européennes sont arrivées, pour la plupart, à un état de vieillesse voisine de la caducité, ou qu'elles y marchent à grands pas; il s'ensuit donc qu'elles doivent être facilement et indubitablement conquises par un peuple jeune et neuf, quand ce dernier aura atteint toute sa force et toute sa croissance. Je regarde l'invasion du pays de l'Occident et de l'Orient par le Nord, comme un mouvement périodique arrêté dans les desseins de la Providence, qui a ainsi régénéré le peuple romain par l'invasion des barbares..... J'ai trouvé la Russie *rivière*, je la laisse *fleuve;* mes successeurs en feront une *grande mer*, destinée à fertiliser l'Europe appauvrie, et ses flots déborderont malgré toutes les digues que des mains affaiblies pourront leur opposer, si mes descendants savent en diriger le cours. » (*Testament de Pierre-le-Grand envoyé à Paris par l'ambassadeur de France à Saint-Petersbourg.*) Peut-on n'être pas effrayé en lisant les instructions testamentaires du fondateur de la Russie et en voyant la fidélité et la puissance avec lesquelles ses successeurs les accomplissent.

Qu'est-ce qui l'a moralisée, éclairée et glorifiée par tous les genres de sciences et de connaissances? C'est l'Église, ce sont les évêques, les prêtres et les moines, qui, depuis l'origine des choses, sont les maîtres nés de la science, de la civilisation et de la moralisation des peuples; c'est leur destinée naturelle ici-bas, c'est un fait universel. L'histoire est là qui le prouve de la manière la plus irréfragable. Philosophe rationaliste et railleur, vous souriez de pitié; mais vos sourires dédaigneux ne changent pas l'état des choses ni le dossier de l'histoire. Vos sarcasmes et vos colères ne prouvent rien, sinon que vous avez tort, et que vous êtes l'esclave d'une mauvaise passion. (1)

Sachez donc que l'élément laïque, depuis dix-huit siècles, n'a jamais rien su fonder en France, dans l'ordre moral, c'est-à-dire en matière d'éducation; il n'a pour cela ni grâce, ni caractère, ni mission : nous en avons des preuves récentes et péremptoires. Nous dirons même que, si les

---

(1) « Ce sont les prêtres, dit M. de Châteaubriand, qui nous ont guéris de notre ignorance, et qui, depuis dix siècles, se sont ensevelis dans la poussière des écoles pour nous tirer de la barbarie. Ils ne craignaient pas la lumière, puisqu'ils nous en ouvraient les sources; ils ne songeaient qu'à nous faire partager ces clartés qu'ils avaient recueillies au péril de leurs jours, dans les débris de Rome et de la Grèce. » (*Génie du Christ.*)

laïques peuvent posséder le trésor des sciences humaines, et nous le leur accordons volontiers, cette glorieuse possession est souvent entre leurs mains une puissance de destruction, ou du moins un fonds radicalement stérile, parce que ordinairement il n'est point fécondé par l'esprit religieux; et cependant l'esprit religieux est seul capable de vivifier et d'animer toutes choses dans l'ordre moral et intellectuel. Voici comment s'exprime sur ce point un savant et grave moraliste, M. Combalot : « L'éducation a un triple but : elle doit développer l'intelligence de l'enfant en lui donnant la vérité, rien que la vérité; elle doit redresser, diriger, purifier les penchants de son âme, les tendances de sa volonté, en les soumettant à une règle immuable; elle doit enfin former les habitudes de sa vie et le plier aux devoirs qui l'attendent. Or, le pontificat seul peut atteindre ce but suprême de l'éducation; seul il peut faire l'homme intelligent, l'homme social, l'homme fort et vertueux. Sortez de là, vous n'échapperez jamais, en matière d'éducation, à la barbarie sauvage ou à la barbarie savante, la seule qui sorte et qui puisse sortir du monopole.... L'épiscopat seul peut donner à la jeunesse catholique de la France, dans des établissements placés sous sa direction immédiate, les habitudes généreuses et simples, et les instincts formés de la vertu; lui seul peut initier à la pratique des devoirs sans lesquels l'adolescent ne saurait se préparer à sa mission d'époux, de père, d'homme public, de citoyen vertueux…. On ne le dira jamais assez, les prêtres seuls savent former la jeunesse, eux seuls peuvent la préparer aux grands devoirs de la vie publique : et c'est parce que le prêtre est un homme de renoncement et de sacrifice, c'est parce que le sacerdoce est une sainte maternité; la maternité du sang et la maternité de la grâce s'achèvent et se perfectionnent : l'une fait l'homme physique, l'homme de la famille; l'autre fait l'homme de la société, l'homme religieux, l'homme complet. Il n'y a pas de bonne éducation purement laïque, quel que soit le talent d'un professeur. » (*Mémoire adressé aux évêques de France et aux pères de famille, sur la guerre faite à l'Église et à la société par le monopole universitaire.*)

C'est donc l'esprit religieux seul qui est l'âme et la vie de l'enseignement et de l'éducation, c'est-à-dire de la véritable science. *La religion,* dit Bacon, *est l'aromate sans lequel toute science se corrompt. Sans l'éducation,* affirme M. Royer-Collard, *l'instruction n'est qu'un instrument de ruine.* Voilà pourquoi les établissements ecclésiastiques, s'ils jouissent d'une liberté pleine et entière, l'emporteront toujours sur les colléges laïques; voilà pourquoi encore les colléges catholiques éclipsaient, sous la Restauration, les colléges universitaires : et c'est précisément ce qui les a fait fermer : *indè iræ.*

§ II.

Mais les études des lycées ou des colléges de l'État ou de l'Université, ce qui est la même chose, sont-elles donc bien fortes ? « C'est un fait notoire, dit Mgr Parisis, évêque de Langres, qu'aujourd'hui les élèves de l'Université ne savent pas le latin .» (*Des tendances,* 2e édit., p. 48.)

Le tiers des jeunes gens échoue pour les épreuves du baccalauréat, pour ne savoir pas faire une version ordinaire après dix ans d'étude. (*La religion dans les colléges,* par M. Collard, aumônier au lycée d'Alençon.)

« L'infériorité de nos écoles publiques et la décadence des études, en France, sont deux faits que tous les hommes compétents et impartiaux s'accordent à reconnaître. » (*L'Univers,* 8 mai 1850.) Dans un autre numéro (14 mai 1850), il disait : « Pour avoir quelques chances d'être reçus, les candidats étrangers à l'École normale sont obligés de régler leurs études d'après celles de cette école, de sorte que par le fait cette école est comme un modèle auquel les écoles libres, comme l'école des Carmes, par exemple, et les candidats qui se préparent isolément, sont obligés de se conformer. Le modèle étant défectueux de tout point, il s'ensuit nécessairement que le niveau des études baisse de plus en plus dans notre pays. Il s'ensuit encore que le clergé, étant obligé comme tout le monde de se courber sous ce niveau, participe à l'abaissement universel. Il s'ensuit enfin que la liberté de l'enseignement a beau se trouver dans la Constitution, elle n'existe réellement pas, puisque de fait l'Université a la direction du haut enseignement qui mène tout le reste. »

« A l'École normale, dit *l'Union,* école sans foi, sans lien, sans dogme, sans culte, sur cent élèves, il n'y en a pas cinq qui soient assurés de sortir, après deux ou trois ans de psychologie négative, nous ne disons pas catholiques ou chrétiens, mais déistes positifs et conséquents. » (Mai 1850.)

Un professeur fort distingué de l'Université nous disait, il n'y a pas encore deux ans : *Il n'y a plus d'études, les études s'en vont.*

Maintenant, supposons que les études universitaires soient plus fortes que celles des colléges ecclésiastiques ou des colléges des congrégations religieuses, ce que nous n'admettons pas, s'en suivra-t-il qu'elles produiront de meilleurs résultats pour le bonheur de la société et même pour la gloire des sciences et des lettres? Nullement. Car l'instruction, comme l'a dit M. Royer-Collard, sans l'éducation, n'est qu'un instrument de ruine; et le fait est que dans l'Université il n'y a

point d'éducation ; c'est connu et avoué. « On ne peut nier, dit Mgr Parisis, évêque de Langres, qu'il n'en soit ainsi des écoles de l'Université, puisque, de l'aveu de ses plus chauds partisans et de ses chefs les plus illustres, elle n'a pour les maîtres, aussi bien que pour les élèves, d'autres mobiles que ceux de ces deux passions (l'ambition et la cupidité). Cet aveu nous a été fait à nous-même. Sur ce que nous représentions au chef suprème de l'enseignement qu'il était fort triste et fort inquiétant de voir toutes les lois et tous les réglements universitaires n'imposer aux maîtres que des motifs d'ambition et de cupidité, il nous fut répondu nettement et fortement :
« Mais nous n'en avons pas d'autres à leur offrir.
« Les motifs surnaturels ne sont pas de notre
« compétence; nous nous servons donc des mo-
« tifs humains. D'ailleurs nous désirons que tous
« nos instituteurs soient mariés : or, dès lors
« qu'ils ont une famille, ils doivent désirer lui
« procurer de l'aisance ; alors nous utilisons ce
« désir en offrant pour encouragement à l'insti-
« tuteur l'appât de l'avancement, c'est-à-dire
« d'un traitement plus fort et d'un poste plus
« élevé. Voilà tout notre secret, et voilà tout ce
« que nous pouvons faire ». (*Cas de conscience,*
p. 172.)

M. Dubois, ancien directeur de l'École normale, s'exprimait ainsi en 1836 : « Dans l'École normale, tout paraît à merveille organisé pour l'instruction. En général, c'est en France notre mérite. Mais il est une autre partie des devoirs de l'enseignement sur laquelle nos écoles de tous les degrés laissent beaucoup à désirer : l'éducation, jadis tout-à-fait et exclusivement religieuse, œuvre de la famille et du culte, semble aujourd'hui s'effacer devant la science. Quelques traditions vagues, souvent contradictoires, demeurent à peine dans les esprits, et nous voyons je ne sais quelle déplorable indifférence de l'avenir moral des hommes et de leur destinée se répandre là même où le soin et le souci profond de cet avenir doit être le premier et le plus saint devoir. » (*Rapport du 18 mai 1836. — Chambre des députés.*)

M. Saint-Marc Girardin, membre du Conseil royal, s'est écrié avec douleur : « Nous ne faisons pas plus de citoyens que de dévots dans nos colléges. Que faisons-nous donc? nous instruisons, nous n'élevons pas. Nous cultivons et développons l'esprit, mais non le cœur ».

Enfin l'histoire nous apprend que, depuis la naissance du christianisme jusqu'aux derniers siècles, le clergé a toujours tenu le sceptre de la science, et qu'il a glorieusement régné sur le monde intellectuel, scientifique et littéraire. On a dit : le clergé est puissant. « Et comment ne le serait-il pas, a répondu M. Émile de Girardin dans *la Presse*, c'est le corps le plus instruit, le plus régulier, le plus probe, et par conséquent le plus aimé et le plus estimé ? »

Il faut donc que le clergé soit aujourd'hui, comme jadis, le flambeau de toutes les intelligences et la lumière universelle : *lux mundi*. Dans notre siècle savant, scrutateur et rationaliste, le prêtre doit redevenir ce qu'il fut autrefois, le ministre de la science et du vrai progrès. Telle est la nécessité de l'époque. Oui, dans ce siècle de positivisme et de progrès matériel, industriel, et même scientifique, car enfin il faut le reconnnaître, en un mot dans ce siècle des lumières, suivant le style consacré du jour, il faut frapper les esprits par l'éclat des sciences humaines et par la puissance de la logique, mais de la logique pratique, de la logique de la science. Par là, le clergé, en humiliant l'orgueil des prétendus savants, se rendra respectable aux vrais savants, redoutable aux faux et aux demi savants qui forment la très-grande majorité des hommes, et il se fera estimer et considérer de tous. Croyez-vous que, si les prêtres, en général, possédaient comme jadis le trésor des hautes sciences humaines, on leur refusât le respect et la considération ? On n'en aurait pas la pensée, parce qu'on n'en aurait pas le pouvoir.

Que le clergé donc s'unisse dans une grande et commune pensée de régénération scientifique et littéraire, qu'il se lève fort et hardi contre la science rationaliste des laïques universitaires; qu'il marche enfin courageux et résolu à la noble conquête de la liberté religieuse et de la liberté pleine et entière de l'enseignement. Mais cette grande œuvre ne doit s'accomplir que d'une manière toute pacifique, par des moyens qui ne sortent jamais des limites de la modération, de la charité et de l'ordre légal : et ces armes sont invincibles.

Or, ces moyens légaux, ces armes invincibles, cette haute force morale, cette grande puissance des idées, qui forment l'opinion et la raison publiques, arriveront nécessairement au clergé par la forte, l'opiniâtre culture, l'*improbus labor,* des hautes sciences divines et humaines.

Le clergé, ne pouvant encore vaincre aujourd'hui l'Université par l'enseignement oral, public, officiel, il la débordera et la vaincra tôt ou tard, s'il le veut, ou du moins en soutiendra dignement la concurrence (parce qu'il a l'élément moral pour lui) par la puissance de la presse, ce levier colossal des temps modernes, et par les ouvrages scientifiques et littéraires. Où sont les puissants écrits et les hautes productions scientifiques et littéraires de l'Université? On les cherche vainement dans ce déluge d'écrits que chaque année fait éclore au grand soleil de la publicité.

Si l'on en trouve quelques-uns à l'écart, dans l'ombre, sont-ils purs de tout levain de mauvaise doctrine, sont-ils catholiques, orthodoxes? Et, s'ils ne le sont pas, ils seront nécessairement vains et stériles pour le bien, pour ne pas dire puissants et féconds pour le mal, parce qu'ils seront dépourvus de toute force morale, qui est l'âme, le principe vital de toute production scientifique et littéraire.

Si l'on avait exécuté le projet que nous avons proposé il y a neuf ans, on serait en mesure aujourd'hui de pouvoir profiter du peu de liberté d'enseignement qu'on a obtenu. Car enfin, y est-on suffisamment préparé par une forte culture scientifique et littéraire, pour la recevoir avec tous les avantages qu'elle comporte et qu'elle donne à ceux qui en sont dignes? Il est permis d'en douter. (1)

---

(1) Nous ne connaissons en France qu'un seul diocèse (il peut y en avoir d'autres) où l'on a suivi notre conseil, et bien lui en est advenu. Le petit séminaire (a) de ce diocèse est aujourd'hui assez fort pour soutenir la lutte avec les lycées nationaux, et peut-être même avec ceux de Paris. Ce collége ecclésiastique possède maintenant un

(a) Il serait bon peut-être d'abolir cette qualification de *petit séminaire*, et d'adopter celle de *collége diocésain* ou de *collége catholique*. Il serait également utile et peut-être nécessaire d'adopter, dans tous les colléges diocésains, un système d'études sur une forte échelle, et d'après un programme aussi élevé au moins que celui des lycées nationaux.

Nous le répétons, et nous ne saurions trop le répéter, si l'on avait mis à exécution en tout ou en partie notre projet, le clergé serait aujourd'hui scientifiquement représenté par quatre-vingts prêtres munis de tous les grades universitaires et parfaitement initiés aux plus hautes sciences; ou plutôt le clergé posséderait, à un degré éminent, l'ensemble imposant de toutes les sciences et connaissances divines et humaines.

De plus, cette phalange invincible et terrible à l'Université, comme une armée rangée en bataille, *terribilis ut castrorum acies ordinata* (Cant. vi-3), serait aujourd'hui en possession d'un organe officiel périodique, qui serait le champ de bataille, la grande arène de la discussion et de la polémique universelles.

Quant à ce dernier point, un prêtre anonyme, M. l'abbé R. A..., a écrit, il y a cinq ans, les passages suivants sur l'urgent besoin qu'éprouve

---

jeune et savant prêtre muni des hauts grades universitaires, et parfaitement versé dans les hautes sciences mathématiques, physiques et naturelles. Ces sciences forment sa spécialité. Vous croirez peut-être, d'après cela, que ce professeur éminent enseigne toutes ces sciences. Point du tout, c'est un de ses élèves qui en est chargé. Pour lui, il enseigne la *philosophie !* Cela seul donne la mesure de son talent et de sa grande capacité. Quelle puissance scientifique posséderait aujourd'hui le clergé si tous les séminaires avaient suivi ce bel exemple !

le clergé de se créer un journal officiel qui puisse le représenter, et être l'organe authentique de tous les actes émanés de la cour de Rome et de tout l'épiscopat français. Comme le plan développé par l'auteur nous paraît présenter d'utiles aperçus, nous croyons devoir le reproduire ici textuellement, en laissant toutefois au lecteur judicieux le soin d'en faire la juste appréciation pratique. Voici donc la forme de ce journal officiel.

« Ce journal comprendrait six parties distinctes, soumises, dans les matières théologiques et philosophiques, à une censure spéciale.

« 1° Les actes officiels émanés de la cour de Rome et des évêques, déclarations, avis, jugements doctrinaux, ordonnances administratives, etc...

« 2° Les actes du pouvoir civil concernant les cultes, et le culte catholique en particulier, accompagnés des discussions et des commentaires qui ressortiraient du sujet.

« 3° Une revue exacte des écrits qui traitent les matières de religion ou de philosophie dans un sens hostile, hétérodoxe, ou simplement erroné, avec les réfutations nécessaires, indication des ouvrages qui les combattent, etc. Ce que j'entends par le mouvement du siècle, c'est particulièrement ce soulèvement des passions et de l'intelligence contre la vraie Foi, ce travail prodigieux qui s'opère dans tous les esprits, à la surface de l'Europe. Or, ce mouvement, n'importe-t-il pas souverainement aux prêtres catholiques de l'étudier et de le suivre? Et cependant, est-il vrai que la plupart le connaissent, le comprennent, l'apprécient à sa juste valeur? Il faudrait donc, non-seulement jeter un coup d'œil d'ensemble sur le tableau, mais entrer dans les détails, distinguer les nuances, approfondir les sujets; il faudrait une polémique incessante, mais grave, réfléchie, solide, élevée, comme il convient à la doctrine catholique; et cette polémique, pleine d'actualité et de faits nouveaux, offrirait un intérêt des plus puissants, en même temps qu'elle répandrait une lumière éclatante au sein du clergé. Que de choses dont le prêtre ne soupçonne même pas l'existence, au fond de sa triste et pénible solitude!

« 4° Des nouvelles religieuses en aussi grand nombre que possible, et puisées à de bonnes sources. Un récit circonstancié des événements qui intéressent l'histoire ecclésiastique dont ce journal devrait offrir, un jour, les plus précieux matériaux. On ouvrirait une vaste correspondance qui permettrait de s'instruire en détail de tous les faits, et de démentir ou rectifier ceux que la presse journaliste s'ingénie à corrompre.

« 5° Une revue littéraire, dans le double but de rendre un compte impartial et éclairé des ouvrages qui attirent l'attention du public; et, enfin, de défendre les principes de la saine littérature. Sans doute, l'art d'écrire n'est point aussi essentiel au bonheur de l'humanité et à l'accomplissement de ses éternelles destinées que la pure doctrine; mais il honore la société, il rehausse l'esprit, il favorise le développement de la Foi, il sert à élever dans le monde de ces monuments plus durables et plus solides que l'airain. C'en est assez pour que le prêtre catholique veille à sa conservation. Le jour qui marque sa décadence est un jour néfaste, un jour de sinistre présage. Hélas! et n'y touchons-nous point? Combien le jeune clergé a besoin d'être mis en garde contre cette fausse et dangereuse littérature, contre ces allures si peu modestes, ce sans-gêne méprisable, ce ton de laquais, mis à la mode par l'école moderne et par la plus grande partie de la presse journaliste! Il me paraît nécessaire de rappeler que la fonction de l'écrivain est une fonction sainte et respectable; qu'il faut s'y sentir véritablement appelé de Dieu; ne pas écouter un vaniteux désir de produire au-dehors des pensées sans élévation et sans intérêt, sous un style sans force, sans correction, sans mérite et sans grâce. *Non datur omnibus.* Vouloir imiter tant de gens à qui il coûte si peu d'écrire, c'est, de la part d'un prêtre, non-seulement offenser les règles du bon goût, mais exposer témérairement l'honneur du saint ministère.

« 6° La politique : il est impossible aujourd'hui de s'en abstenir, tant elle se trouve mêlée à tous les événements, qu'il serait impossible d'expliquer sans cela. Je crois que cette partie devrait se traiter sous forme de résumé, en grands et larges traits; jamais comme défense exclusive de telle ou telle opinion. Il n'y a pas de dogme en politique : le clergé ne doit être d'aucun parti, pour embrasser les différents partis dans sa charité et devenir *tout à tous*.

« Ce journal, ainsi conçu, ou rédigé sur un plan plus parfait, dans un format qui permettrait de relier ensemble un certain nombre de numéros, avec une table analytique et générale des matières à chaque tome, formerait un recueil extrêmement précieux pour le clergé de la campagne et de la province, aussi bien que pour les peuples soumis à sa direction.

« 1° Il entretiendrait parmi le clergé cet esprit de corps, ce mouvement unanime, cette unité de vues et de moyens dont l'absence paralyse tous ses efforts. Ce serait un concile permanent.

« 2° Quant aux jugements doctrinaux, il remplacerait, imparfaitement sans doute, mais encore avec assez d'avantages, ce corps illustre de la Sorbonne qui a rendu tant de services à l'orthodoxie.

« 3° Il fournirait aux journaux religieux et politiques des matières toutes préparées pour la défense de l'Église et de ses principes fondamentaux, sans qu'ils courent le risque de s'écarter du droit chemin et de compromettre les vrais intérêts de la religion par des apologies mal dirigées, des jugements sans compétence et quelquefois sans équité.

« Je répète que l'omission d'une entreprise si éminemment utile pèse de la manière la plus grave sur le clergé, et on ne sait par quoi l'expliquer. A elle seule, elle caractérise de la façon la plus énergique cet isolement qui nous a conduits à de si tristes résultats... Les productions de la presse irréligieuse n'exercent-elles pas une immense influence sur les esprits, ne vont-elles pas porter de terribles ravages au sein de la société chrétienne? (1) (*Quest. import. sur l'Église et le clergé cath.*, *en France,* par M. l'abbé R. A., p. 116. 1846.)

----

(1) Rien de plus vrai que cette pensée de l'auteur. Tous les gens de bien gémissent aujourd'hui sur cette grande plaie morale et sociale (*le feuilletonisme*). Qui ne connaît ces tristes productions littéraires, cette lèpre de la littérature, cette pâture immonde que l'on jette chaque jour aux intelligences affamées de cynisme et de scandale, et où, comme a dit un savant évêque, tous les vices ont leurs tableaux vivants et toutes les hontes leur apologie? Ces déplorables fictions de talents en délire, bravant tout sen-

§ III.

Nous devons reproduire ici, sur le sujet qui nous occupe, ce que nous avions déjà publié en 1842, c'est-à-dire quatre ans avant la publication de l'ouvrage de M. l'abbé R. A... où l'on trouve ce qu'on vient de lire.

NOTE SUR LA NÉCESSITÉ DE L'ÉMANCIPATION SCIENTIFIQUE DU CLERGÉ.

Nous pensons que l'émancipation scientifique du clergé, ne pourra recevoir sa complète réalisation qu'à l'époque où sera pleinement organisée la société ecclésiastique dont voici le projet et le plan général :

Projet d'une nouvelle Institution ecclésiastique.

1° Nous proposons, à nos illustrissimes Sei-

---

timent d'honnêteté et de pudeur, ne font jaillir des lumières que de la corruption elle-même, comme ces pâles lueurs qui s'échappent, dans une nuit obscure, de la putréfaction des cadavres : ce sont les lumières du tombeau. On peut dire, avec un poëte allemand, que la lumière de l'impiété est sans feu, comme celle du bois pourri ; et que son feu est sans lumière, comme celui de la fièvre. C'est donc une lumière de mort et un feu de trouble et de destruction.

gneurs les évêques de France, la création d'une société savante, dans le double but d'assurer la défense perpétuelle de la religion ou de la Foi catholique, et de faire reconquérir au clergé la haute influence intellectuelle et scientifique que jadis il exerça si heureusement sur la société.

2° A cet effet, chaque prélat choisirait dans son diocèse le sujet qu'il croirait le plus capable ou qui lui paraîtrait offrir le plus d'avenir scientifique.

3° Tous les membres de cette société seraient ecclésiastiques et résideraient habituellement à Paris.

4° Cette congrégation pieuse et savante, dans un état de parfaite indépendance et en dehors de toute politique, hors la politique sacrée, aurait pour mission spéciale de veiller activement à la conservation de la Foi ou de l'orthodoxie catholique, et de travailler en même temps à l'épuration des mœurs des peuples.

5° A ces fins, la société se créerait un journal quotidien ou une espèce d'encyclopédie catholique, qui se publierait sous les auspices et le haut patronage de tous les évêques de France.

6° Tous les membres de la société (chacun dans sa spécialité et sa sphère intellectuelle) se familiariseraient peu à peu avec toutes les sciences divines et humaines, et particulièrement les sciences théologiques et morales, celle de l'Écriture sainte, l'exégèse biblique, le droit canon, la patrologie ou l'étude des Pères et de la tradition de l'Église, l'histoire sacrée, l'histoire ecclésiastique, la synodologie, etc.; les sciences philosophiques, chronologiques, archéologiques, ethnographiques, philologiques; l'étude des langues sémétiques et particulièrement de l'hébreu, du syriaque, du chaldéen et de quelques langues vivantes, comme l'anglais, l'allemand, l'italien, etc.; l'histoire profane, la philosophie de l'histoire, etc.; de plus les sciences physiques et naturelles; la physique générale, quelques connaissances astronomiques, cosmogoniques, géologiques, géographiques, mathématiques, chimiques, d'histoire naturelle, et surtout les sciences physiologiques (avec les principales aberrations pathologiques, intellectuelles, affectives et morales), seulement dans leurs rapports avec l'éthique, la psychologie et la théologie morale.

7° La société aurait des associés correspondants dans la plupart des capitales de l'Europe, et surtout à Rome; dans les Universités catholiques d'Allemagne, au collège d'Oxford; et même dans la société asiatique de Calcutta, pour toutes les questions qui se rattachent aux langues orientales et aux recherches archéologiques ou géologiques, en un mot pour tout ce qui peut être l'objet de l'orientalisme.

8° Cette société, ou, si l'on veut, cette espèce de cour établie au centre de toutes les sciences européennes, serait le tribunal de l'opinion publique. Il serait donc naturellement saisi de toutes les questions dogmatiques, morales, liturgiques, disciplinaires; des affaires contentieuses ecclésiastiques, de droit canon, de droit civil, de politique sacrée, de droit des nations et des gens; bref, de toutes les questions philosophiques, scientifiques, littéraires et artistiques de l'époque actuelle. Ainsi par là serait dévolue à cette corporation savante la grave et importante mission de faire connaître les bons livres et de stigmatiser tous les écrits mauvais et dangereux; de signaler les déviations et les erreurs de l'enseignement universitaire, y compris l'éclectisme panthéistique du collége de France et la nouvelle académie des sciences dites politiques et morales; de flageller au besoin les productions dramatiques et romantiques (le théâtre et les romans); surtout d'attaquer vigoureusement la presse périodique ou le journalisme, alors qu'il devient hostile à la religion ou dangereux aux mœurs; d'en réprimer en un mot tous les abus et les écarts quelconques, et de réfuter enfin tous les mauvais systèmes religieux et philosophiques que, dans ces temps de désorganisation et de putréfaction morale, l'esprit de vertige et les folies humaines font éclore presque tous les

jours : tels sont toutes les conceptions impies
ou absurdes de l'impiété moderne, l'athéisme,
le déisme, le matérialisme, le protestantisme,
le rationalisme, l'éclectisme, le fourriérisme,
le panthéisme moderne *et cœtera,* c'est-à-dire
toutes les extravagances philosophiques passées,
présentes et futures.

9° Ce journal serait l'organe officiel du corps
épiscopal français, et par conséquent chaque
évêque y ferait insérer tout ce qu'il croirait devoir être livré à la publicité, comme les man-
dements, les lettres pastorales et autres pièces
importantes pour l'extirpation des erreurs et des
vices ou pour l'instruction et l'édification des
fidèles.

10° La société, avec le temps, pourrait s'agré-
ger de nouveaux membres, soit pour assurer la
pérennité de son existence, soit pour former des
professeurs pour les grands et petits séminaires,
si toutefois, sous ce dernier rapport, elle ne
trouve pas son complément dans l'établissement
destiné aux hautes études ecclésiastiques, que l'on
doit, dit-on, créer prochainement à Paris. (1)

11° Nous pensons enfin qu'une telle institution
est devenue en quelque sorte nécessaire dans
notre siècle positif, dans ce siècle dit de sciences,
de lumières et de progrès, et dans un temps où

---

(1) Aujourd'hui 1851, ce projet est complètement réalisé.

les évêques ne peuvent plus se réunir pour s'opposer aux envahissements sacriléges et aux sarcasmes de l'impiété. La science superbe et impie des matérialistes, des déistes et des panthéistes modernes, ne manque pas, comme on sait, de déverser de temps en temps sur le clergé l'amer dédain, pour ne pas dire l'insultant mépris. On le croit sans défense, parce qu'on le croit ignorant, arriéré, stationnaire et ennemi du progrès. Et il ne faut pourtant pas se le dissimuler ici : combien n'a-t-on pas vu naître et mourir de journaux ecclésiastiques depuis seulement une douzaine d'années? Quelle sève vitale leur manquait donc pour grandir et porter des fruits? Il leur manquait l'appui des hautes sciences humaines; ils n'avaient ni vigueur, ni nerf, ni critique, et ils se sont étiolés dans l'ombre.

Que le clergé ressaisisse donc le puissant levier de la science, mais d'une main désormais plus ferme, plus hardie et plus habile. Placé sur le terrain solide de la vérité et armé de toute son influence morale, il s'opposera courageusement et constamment à l'enseignement rationaliste, c'est-à-dire anticatholique, de l'Université et du collége de France.

Nous sommes persuadé que dans quelques années cette société compacte et forte de doctrine, de savoir et de science universelle, et non moins forte d'union, de vertu et de piété, formerait une phalange vraiment inattaquable, une puissance scientifique à laquelle rien ne résisterait, et qui, par cela même qu'elle se rendrait redoutable à tous les ennemis de la religion, ne pourrait manquer d'exercer sur la société une haute et salutaire influence.... D'un autre côté, on sent assez quels services importants une telle création rendrait à l'Église, et combien elle contribuerait à cimenter de plus en plus l'union de tous les évêques de France.

12° On objectera peut-être que tous les évêques ne s'uniront jamais pour la réalisation d'une pareille conception. Cela est très-possible. Mais, quand il n'y aurait pas unanimité pour l'adoption et l'exécution de ce projet, ce qui est même très-probable, il suffirait, pour que le succès n'en fût pas compromis, que la majorité des prélats ou seulement trente à quarante fussent d'accord sur l'opportunité de cette institution nouvelle. Il y a plus, n'y eût-il même qu'une faible minorité pour cette œuvre, il ne faudrait pas en désespérer absolument. Souvent les vastes entreprises n'obtiennent que lentement la plénitude de leur succès, et n'arrivent ordinairement que tard à leur parfaite évolution. Après tout, quand il n'y en aurait pas même un seul qui voulût s'associer à cette pensée, ce ne serait pas une raison pour ne pas la produire ici. Souvent une idée en engendre une autre, une meilleure, plus profondément conçue et plus féconde en applications et en résultats pratiques......

...... Enfin, pour rassurer les personnes qui pourraient être arrêtées par quelque préoccupation politique, nous affirmons hautement que cette société savante ne serait pas de nature à pouvoir jamais inspirer la moindre crainte au pouvoir; nous sommes persuadé au contraire qu'en conservant et en propageant les bonnes doctrines (religieuses, morales et sociales), qui sont le nerf des États, elle en serait constamment le principal et le plus solide appui. Seulement, il faut l'avouer, elle pourrait paraître opposée aux vues de l'Université, en ce sens qu'elle en surveillerait les doctrines, en signalerait les déviations, et obligerait en un mot ce corps enseignant à suivre, s'il était possible, la ligne catholique, et à donner comme condition de sa propre existence morale un enseignement meilleur que celui des colléges ecclésiastiques, sous peine d'être frappée d'une radicale stérilité. Que l'Université remplisse donc ces deux conditions, et elle n'aura jamais rien à craindre de la concurrence et des prétendus empiétements du clergé. (*Extrait de notre Essai sur la théologie morale.*)

§ IV.

Voilà ce que nous avons écrit en 1842, et voici ce que nous ajoutons en 1851.

Il est fort à regretter, surtout depuis qu'on a commencé à agiter les questions de la liberté religieuse, de la liberté d'enseignement, de la liberté d'association, etc. ; il est fâcheux, disons-nous, que le clergé ou l'épiscopat ne se soit pas créé un journal officiel, avec cette devise du prophète Isaïe : *Clama, ne cesses, quasi tubam exalta vocem tuam.* (LVIII-1.)

Tous les évêques auraient confié à cet organe officiel de la presse religieuse leurs écrits, leurs pensées, leurs vues, leurs observations, leurs moyens de défense, et même d'attaque au besoin. Cette unanimité persévérante, ces efforts généraux et collectifs cimentés par l'union qui fait la force synergique, cette unité de pensées, de vues, de volonté, de but et d'action, auraient enfin légalement établi une espèce de concile national permanent. Et l'invincible persévérance à reproduire unanimement et légalement les mêmes idées sur les mêmes questions, aurait fini par élever cette puissance des idées à l'état d'opinion générale ou de raison publique : et dès lors, la cause de l'Église ou de la justice eût été, sinon complètement gagnée, du moins en voie d'un éclatant et infaillible succès. Ne peut-on pas faire encore ce qui, dans notre opinion, aurait dû être fait il y a plusieurs années? Si la mauvaise presse déprave et perd la société, il faut que la bonne presse la sauve et la régénère, au moins autant qu'il est humainement possible.

On s'explique difficilement la position excentrique ou plutôt négative que le clergé s'est faite relativement à la liberté de la presse. Ce puissant instrument du bien et du mal, le clergé, l'épiscopat tout entier l'abandonne à ses ennemis : et l'on sait avec quel déplorable succès ils exploitent cette redoutable puissance contre l'Église de Dieu. Pour lui, le clergé, il se voile la face, il gémit et tout est dit. Oui, il faut le dire, le clergé seul n'a pas su profiter de la liberté de la presse périodique, il a négligé de se créer un journal catholique ou un organe officiel; il ne s'est pas douté qu'à l'aide de ce puissant levier, il aurait pu donner au monde moral, intellectuel et social la plus haute et la plus salutaire impulsion.

Le projet que nous avons en vue, nous l'avons déjà dit, serait aujourd'hui réalisé, si l'on avait suivi le programme que nous avons publié il y a neuf ans. Mais ne peut-on pas encore y suppléer à l'heure qu'il est? Nous pensons qu'on le pourrait et même qu'on le devrait. C'est une sainte et haute tâche qui doit incomber particulièrement à l'épiscopat.

D'abord, ce journal catholique, comme on le pense bien sans doute, devrait être nécessairement seul et *un* dans son genre, c'est-à-dire sans concurrent ni auxiliaire, afin de posséder en lui-même la plus haute force morale et intellectuelle, et d'être le représentant et le conservateur du principe de l'unité universelle. De plus, il serait le signe public et le caractère irréfragable de l'union épiscopale, et donnerait un démenti formel et officiel à tous ceux qui prétendent qu'il n'existe aucune espèce d'union parmi les évêques de France.

Il faudrait donc que ce journal fût publié sous le haut patronage de l'épiscopat français, sur de grandes proportions et sur une échelle encyclopédique, c'est-à-dire qu'il devrait être non-seulement ecclésiastique, religieux, moral, philosophique, littéraire et politique, mais encore largement et fortement scientifique. Il est inutile de faire observer qu'à ce dernier point de vue, cette espèce de *moniteur universel,* indépendamment de son but principal, aurait encore pour mission spéciale de contrôler et de redresser les sciences humaines ou profanes, toutes les fois qu'elles se dévieraient de la ligne catholique, et de stigmatiser toutes productions immorales ou hétérodoxes de la presse irréligieuse. (1)

____

(1) Le feuilleton serait principalement destiné aux arti-

Nous le demandons, une publication quotidienne d'une telle puissance morale et intellectuelle, ne serait-elle pas capable de faire une heureuse révolution dans le journalisme de l'époque, de contrebalancer puissamment l'influence délétère de la mauvaise presse?...... Ce serait d'ailleurs, selon nous, le meilleur moyen que pût employer le clergé pour reconquérir son ancienne influence scientifique et littéraire, et pour augmenter encore par là sa haute influence morale.

Mais nous entendons déjà gronder l'accablante objection qu'on nous opposera certainement, et nous devons avouer qu'elle est matériellement très-sérieuse. N'allez pas croire toutefois que ce soit la question financière; c'est un obstacle plus grand et infiniment plus difficile à vaincre qui nous préoccupe : c'est l'impossibilité apparente, sinon réelle, de trouver un personnel actuellement assez compétent.

Voici cependant le moyen qui nous paraît le

---

cles de théologie morale les plus pratiques, à l'administration de la paroisse, aux affaires de la fabrique au point de vue légal et administratif; en un mot à toutes les difficultés qui surgissent aujourd'hui si souvent dans l'exercice du saint ministère. Un recueil de ces diverses matières pratiques serait d'une immense utilité au clergé inférieur, dans un temps où il n'est guère en position de fortune pour se procurer des bibliothèques suffisamment pourvues.

plus propre, sinon à conduire l'œuvre à sa dernière perfection, du moins à la commencer avec de grandes chances de succès : ce serait de créer une société composée d'une trentaine de membres qui seraient choisis parmi les professeurs des séminaires ou ailleurs, pourvu qu'ils fussent prêtres, qu'ils eussent du talent et qu'ils possédassent des connaissances littéraires et scientifiques spéciales. Aucun laïque ne pourrait jamais être admis dans la société. Cette compagnie savante pourrait se renouveler partiellement par dixième, et serait ainsi intégralement renouvelée tous les dix ans. Chacun des membres se renfermerait dans le cercle de sa spécialité, et serait tenu de faire les plus fortes études relatives à cette même spécialité. Voyez, pour le détail des matières, le programme des deux projets ci-dessus rapportés.

On fournirait d'abord à l'entretien de la société et aux frais du journal par le moyen des souscriptions et des offrandes des catholiques; et certes ni les unes ni les autres n'y feraient défaut. D'ailleurs, un journal de ce haut caractère ne pourrait manquer d'avoir un nombre immense d'abonnés, indépendamment de la majorité des membres du clergé. Est-il, en France, un seul vrai catholique qui ne voulût pas contribuer, selon son pouvoir, au succès d'une œuvre aussi éminemment utile et si puissamment régé-

nératrice? Et ne pourrait-on pas, à cet effet, organiser une espèce de société catholique sur le modèle de l'association pour la propagation de la Foi, aujourd'hui surtout où presque tout se fait par voie d'association, qui est maintenant l'unique condition des grandes entreprises, tant dans l'ordre intellectuel que dans l'ordre matériel.

Si la pensée que nous venons d'exprimer est bonne en elle-même, et nous pensons que personne n'élèvera le moindre doute sur ce point, pourquoi ne pourrait-on pas la réaliser? Il ne faut pas s'arrêter aux difficultés matérielles et à quelques inconvénients possibles ou éventuels. Le tout est de commencer avec une forte résolution et une ferme confiance en Dieu, et alors la Providence fera le reste. On ne ferait jamais rien de grand pour la religion, si on se laissait d'abord dominer par un sentiment de crainte pusillanime et par la considération des difficultés et des obstacles matériels. Les grandes entreprises pour la gloire de Dieu commencent presque toujours, comme on sait, par de faibles instruments et de grandes difficultés. C'est le grain de sénevé qui produit, avec la bénédiction de Dieu, un véritable arbre. Nous ne rappellerons ici qu'un seul fait connu du monde entier. Voyez l'œuvre admirable de la propagation de la Foi. C'est une simple femme qui l'a commencée.

Quelles difficultés ne pouvait-on pas opposer à ce gigantesque projet? Quelle faiblesse dans les moyens, et quelle grandeur dans le résultat! Si quelqu'un avait prédit que cette association naissante, avec des moyens si disproportionnés au but qu'elle a atteint, réaliserait un revenu de plusieurs millions au bout d'un petit nombre d'années, qui n'aurait regardé alors comme une chose imprévoyable ou une espèce d'impossibilité ce qui aujourd'hui est devenu une heureuse et immense réalité?

On doit comprendre, d'après ce qui précède, que nous ne pouvons pas partager complètement l'opinion de Mgr Parisis, évêque de Langres, sur le journalisme religieux. Voici comment le savant prélat s'exprime sur ce point : « Le plus sûr, sans aucun doute, serait que les journalistes religieux fussent appelés à cette œuvre sainte par les évêques.... Mais alors, c'est sur les évêques que tomberait toute la responsabilité du journal; ce sont les évêques qui en seraient les directeurs et presque les rédacteurs en chef, ce qui est, du moins, quant à présent, tout-à-fait impossible. » (*Cas de conscience,* p. 296.)

On voit, d'après cela, que l'on voudrait maintenir la pluralité des journaux religieux, ce qui est directement opposé à notre principe de l'unité dans la presse religieuse officielle. Or, ce principe d'unité serait infailliblement détruit par l'adoption du système de la pluralité; et toutes ces petites feuilles isolées, en perdant l'unité, perdraient toute leur force par la division, en supposant qu'elles ne se détruisissent pas elles-mêmes par la polémique des luttes intestines ou des scandaleuses dissensions qui consument tôt ou tard toute société, si fortement constituée qu'elle soit. Et d'ailleurs, ces sortes de journaux ne sauraient avoir aucun caractère officiel géné-ral, en ce sens qu'ils ne représentent pas tout le clergé, mais seulement une fraction du clergé.

Dans notre projet, l'inconvénient redouté par Mᵍʳ Parisis, disparaîtrait complètement. Les évê-ques ne seraient ni directeurs ni rédacteurs d'au-cun journal. C'est dans la société que seraient choisis le directeur ou le président, le gérant responsable, le secrétaire, le trésorier et les ré-dacteurs généraux. Les évêques n'auraient donc d'autre responsabilité que celle du patronage, c'est-à-dire une responsabilité purement morale. Passons maintenant à un autre mode d'éducation et d'enseignement.

§ V.

L'Église de France, composée de quarante mille prêtres, de cinq mille religieux, de quinze mille religieuses, et armée de trente millions de bons livres, et, de ce qui vaut mieux encore, d'une immense charité, voilà le boulevard que le catholicisme oppose au rationalisme, à l'impiété, à l'athéisme. Nous ne parlons pas ici de ce grand nombre de pieuses institutions laïques que l'on trouve dans les grandes villes; nous passons également sous silence ces admirables associations pour la propagation de la Foi, de la sainte enfance; l'institution de l'archiconfrérie, et mille autres : tout cela est suffisamment connu et apprécié.

Mais, après avoir montré la puissance conservatrice et régénératrice du clergé, nous devrions dire au moins quelques mots d'un puissant auxiliaire pour l'Église; savoir, des associations religieuses enseignantes, comme l'admirable institution des frères de la doctrine chrétienne, et toutes les communautés de femmes enseignantes; mais cela nous entraînerait trop loin. Nous dirons toutefois deux mots, mais seulement de ces dernières, qui sont les moins connues et les moins appréciées par les observateurs superficiels et vulgaires.

Grâce à une providence toute particulière de Dieu, l'éducation catholique est partout et dans toutes les classes de la société suffisamment donnée aux jeunes filles. C'est là un fait immense et de la plus haute portée pour la conservation de la Foi dans la masse de la nation. Ces jeunes filles catholiques deviendront des mères de famille, qui élèveront généralement leurs enfants, au moins les filles, comme elles l'ont été elles-mêmes, et ainsi de suite. La femme, comme dit Mgr Parisis, *n'est pas la tête de la famille, mais elle en est le cœur.* Mais c'est le cœur qui nourrit le corps ou la famille, non du pain matériel, qui n'est pas la seule nourriture de l'homme, mais du pain substantiel de la vérité, qui est la nourriture morale de la famille. La grande puissance morale qui domine la femme, c'est la Foi religieuse, c'est l'accomplissement des devoirs qu'elle impose, c'est la compassion, c'est la bonté, c'est enfin pour tout dire en un seul mot, c'est la *charité,* formule sublime qui résume tout le christianisme.

Voilà la femme telle que la Foi l'a faite; et à son tour c'est la femme qui conserve la Foi en France, et par conséquent la France elle-même. Et voilà précisément ce qui échappe généralement à nos penseurs philosophes, à nos grands hommes d'État. Ils ignorent ou feignent d'ignorer que le salut de la France est dans la puissance de l'éducation chrétienne que font au peuple et à *toutes* les classes de la société féminine les associations religieuses des deux sexes en France. Détruisez cet enseignement religieux qui réside encore à un degré éminent dans les congrégations ou les communautés religieuses, et vous détruirez peut-être la religion catholique en

France, qui ne se maintient et ne se perpétue
en grande partie que par la femme chrétienne,
depuis la dernière jusqu'à la plus haute classe de
la société. Vous ferez plus, vous consommerez
la ruine de la société française elle-même, qui
ne peut subsister régulière et forte que par l'élément religieux.

Ainsi donc, s'il était possible que la pensée
absurde et impie d'abolir les communautés religieuses enseignantes, ou même seulement d'en
paralyser les efforts par des entraves ou des
vexations universitaires et inquisitoriales, pût
un jour prévaloir en France, ce serait la marque
et le signal de la dissolution prochaine da la société. Car un peuple, qui ne voudrait pas admettre l'éducation chrétienne comme base et
comme condition vitale de toute société régulière, serait un peuple qui conspirerait à sa ruine
et à sa décomposition, tant morale et intellectuelle que politique, civile et sociale.

Honte et malheur donc à un gouvernement
qui repousserait stupidement et brutalement les
vrais instituteurs et institutrices du peuple, c'est-
à-dire, les frères et les sœurs enseignants de tous
les ordres (1). Car, après tout, c'est le peuple qui

---

(1) On verra, dans le paragraphe suivant, que nous
avons de puissants motifs de croire que le gouvernement
de la République ne sera nullement hostile aux commu-

forme la nation, et non une petite fraction de rationalistes, de philosophes, de rhéteurs et de sophistes.

§ VI.

Nous avons dit et répété, dans le cours de cet écrit, que la France devait être régénérée ou détruite; qu'elle ne pouvait être parfaitement régénérée que par le concours de deux choses : le rétablissement de la religion catholique comme religion de l'État, et l'enseignement catholique; que, si ces deux conditions n'étaient pas remplies, c'était à l'Église de France qu'incombait l'immense et impérieux devoir de sauver la nation, de la même manière qu'elle l'avait formée jadis, c'est-à-dire, par le déploiement de toute sa force morale et de toute sa puissance civilisatrice qu'elle a reçue de Dieu. *Euntes docete omnes gentes.*

Nous ajouterons ici, pour la conclusion de ce chapitre et de tout ce travail, que nous avons de justes motifs de croire, et même de fortes rai-

---

nautés religieuses enseignantes, ni même à aucune, quel que puisse être son caractère particulier, pourvu qu'elle ne trouble pas l'ordre social. Et qui a jamais vu l'ordre social troublé par aucune congrégation religieuse, qui ne s'occupe que de la prière, de la prédication, de l'enseignement, de l'agriculture, etc.?

sons d'espérer que la France entrera enfin dans une voie de régénération morale et sociale. (1)

Or, ces motifs et ces raisons, nous ne les déduisons pas des combinaisons de la politique humaine, de la marche actuelle des affaires publiques, des succès possibles ou probables des négociations de la diplomatie, de l'attitude ferme et digne du gouvernement de la République : nous le tirons d'un autre ordre d'idées, d'une politique plus haute, qui domine toutes les vues et toutes les combinaisons des gouvernements humains; nous les tirons de la politique de la Providence. Nous pensons que Dieu ne veut pas encore laisser périr la France, sur laquelle il nous paraît avoir des desseins de miséricorde et de rénovation, bien que les apparences présentes semblent puissamment déposer contre ces consolantes espérances.

Si Dieu punit ici-bas les fautes des princes et des gouvernements, il récompense aussi, dans ce monde même, leurs bonnes actions et leurs vertus morales; ou, en d'autres termes, si les crimes politiques sont punis, les vertus politi-

----

(1) « Une nation où se trouvent encore tant d'idées élevées, tant de vertus, un attachement si sincère à la religion, qui va porter jusqu'aux extrémités du monde les vérités divines, ne peut pas périr; c'est à d'autres signes qu'on reconnaît la fin. » (De Falloux.)

ques sont également récompensées. Maintenant, quelles sont les vertus politiques de la République française? en a-t-elle déjà pratiqué quelqu'une depuis sa jeune origine? Oui; même avant l'âge adulte, elle a fait un acte de vertu politique éminent et suréminent, qui était moralement imprévoyable et impossible il y a trois ans, et que l'on ne retrouve que dans les temps de Foi héroïque du moyen âge. Or, cet acte de haute et heureuse politique, c'est l'expédition de Rome, c'est la délivrance du Saint-Siége, du Souverain-Pontife. C'est là, certes, pour le salut et la gloire de la France, un des plus grands et des plus heureux événements des temps modernes. Qui l'aurait cru? c'est la République française qui a rétabli Pie IX sur le trône temporel le plus légitime de l'Europe, puisqu'il est affermi par une durée de plus de quinze siècles de possession incontestée. C'est ainsi que la République a réparé la faute de l'empire, qui, comme on sait, a fait enlever et emprisonner Pie VII.

Si Dieu a puni cet attentat sacrilége, on a tout lieu d'espérer qu'il récompensera la noble et généreuse conduite de la nation française. Non, Dieu ne laissera pas sans récompense un acte si éminemment courageux du gouvernement français, un acte digne de Charlemagne, auquel l'Église doit la délivrance de son chef suprême, du vicaire de Jésus-Christ.

Voilà donc de puissants motifs d'espérance pour le salut de notre chère patrie. Cette sainte œuvre de régénération s'accomplira par le rétablissement de la religion catholique comme religion de l'État, et par la puissance de l'éducation et de l'enseignement catholiques.

Sans doute, ces grandes choses paraissent aujourd'hui impossibles aux hommes; mais ce qui est impossible aux hommes est possible et facile à Dieu, qui peut changer le cœur de plusieurs hommes et les réunir tous dans une même pensée pour les faire servir à l'accomplissement de ses desseins de miséricorde sur la France et peut-être sur l'Europe entière. On peut même dire sans trop de témérité que la Providence semble déjà préparer les voies et les moyens de salut au milieu même des plus grands obstacles, et peut-être par ces obstacles mêmes; car, comme on sait, les obstacles deviennent des moyens entre les mains de Dieu. A lui seul en reviendront l'honneur et la gloire. *Ipsi soli honor et gloria.* (Tom. 1-1-17.)

Nous ne parlons pas de la tenue des conciles suspendue depuis si long-temps ; de la loi sur l'enseignement qui donne quelque liberté à l'Église de France; du rétablissement des aumôniers sur nos flottes ; de la création de nouveaux évêchés dans nos colonies, ce qui est pour la religion un avantage immense; du retour des ordres religieux pour l'enseignement et le service du peuple et des pauvres; d'un projet de loi sur le repos du dimanche, etc. Quel gouvernement, depuis cinquante ans, a fait autant de bien à la religion que celui de la République? Ce sont des faits que personne ne peut nier, car enfin il faut être juste. Mais ces faits seraient sans résultat et périraient enfin avec la France, sans le catholicisme comme religion de l'État et sans l'éducation et l'enseignement catholiques. Espérons que Dieu nous donnera l'un et l'autre avec le salut de la France.

NOTES EXPLICATIVES.

Note, relative à la page 42, sur le sort futur de la ville de Londres.

Si l'Angleterre avait le malheur, comme jadis, d'entrer dans une voie de persécution contre les catholiques, elle pourrait aisément par là attirer sur sa capitale le juste châtiment du ciel.

S'il nous était permis d'émettre à cet égard notre opinion, nous demanderions si la ville de Londres ne paraît pas prophétiquement figurée dans le dix-huitième chapitre de l'Apocalypse. Sans doute, l'apôtre saint Jean, à la fois évangéliste et prophète, avait, suivant l'opinion commune, principalement en vue Rome païenne qu'il nous dépeint si vivement et si énergiquement sous le nom de la grande Babylone, comme les prophètes Isaïe, Jérémie et Ezéchiel avaient eu en vue Babylone, Tyr, Ninive et l'ingrate Jérusalem.

Cependant, il nous paraît certain que ce tableau terrible de l'Apocalypse offre plusieurs traits qui ne peuvent convenir qu'à la Babylone moderne, l'immense cité de Londres qui, depuis l'ancienne Rome idolâtre, n'a été égalée, pour la puissance et le génie du mal, par aucune autre ville du monde, à partir de Henri VIII et d'Élisabeth. Il est donc permis de croire que saint Jean, éclairé par une lumière prophétique, a vu le châtiment que Dieu réserve à la nation qui, avec une incroyable puissance de propagation, a semé l'erreur sur tous les points du globe.

Voici les principaux traits de l'admirable tableau de l'Apocalypse, qui conviennent particulièrement, pour ne pas dire exclusivement, à la ville de Londres.

Verset 3. — *De vino iræ fornicationis ejus biberunt omnes gentes : et reges terræ cum illa fornicati sunt : et mercatores terræ de virtute deliciarum ejus divites facti sunt.* Qui ne sait que tous les peuples de la terre ont goûté dans la coupe empoisonnée de l'Angleterre; et que tous, plus ou moins, ont reçu et bu l'erreur du protestantisme anglican?

Verset 11. — *Negociatores terræ flebunt et lugebunt super illam : quoniam merces eorum nemo emet ampliùs.* Ceci n'a pas besoin de commentaire. La terre entière est inondée de marchandises anglaises dont les nations ne veulent plus, quelque bas qu'en soit le prix.

Verset 17. — *Una hora destitutæ sunt tantæ divitiæ. Et omnis gubernator, et omnis qui in lacum navigat et nautæ, et qui in mari operantur longè steterunt.* C'est-à-dire que Londres, qui est le rendez-vous, le comptoir et le centre du commerce du monde, sera abandonné par tous les marchands qui trafiquent sur mer....

Verset 18. — *Et clamaverunt videntes : locum incendii ejus, dicentes : Quæ similis civitati huic magnæ?*

Verset 19. == ...... *Væ, væ, civitas magna, in qua divites facti sunt omnes qui habebant naves in mari, de pretiis ejus : quoniam una hora desolata est.*

Verset 22. — ..... *Omnis artifex omnis artis non invenietur in te ampliùs : et vox molæ non audietur in te ampliùs.....* Voilà la claire désignation des usines, des fabriques, des artisans, des métiers et de l'immense coutellerie de l'Angleterre, et de Londres en particulier. Tout cela lui sera enlevé. *Vox molæ non audietur in te ampliùs.* Ce *Vox molæ,* c'est la coutellerie.

Verset 23. — ..... *Mercatores tui erant principes terræ , qui in venificiis tuis erraverunt omnes gentes.* L'Angleterre marchande domine, corrompt et perd tout par la puissance de son or et de ses richesses; toutes les nations ont été séduites et fascinées par les enchantements de l'Angleterre protestante.

A quelle ville du monde, depuis saint Jean, si ce n'est à Londres, peuvent s'appliquer ces immenses richesses, cette industrie manufacturière sans exemple dans les annales du monde, ce commerce inouï, et ces marchandises de toute espèce jetées avec tant de profusion sur toute la terre habitée; ces navires, ces vaisseaux, ces mariniers, ces pilotes, ces marchands qui sont les princes de la terre, *principes terræ,* et qui ont corrompu par l'or et l'erreur tous les peuples de l'univers. *De vino iræ fornicationis ejus biberunt omnes gentes... et in venificiis tuis erraverunt omnes gentes.* Encore une fois, tout cela ne peut s'appliquer qu'à l'Angleterre et particulièrement à Londres, son immense et prodigieuse capitale, la Babylone moderne sous tous les rapports, ou du moins sous bien des rapports.

Note, relative à la page 42, *sur une leçon de* M. *Michelet, à son Cours d'histoire et de morale, au collége de France. (Du* 23 *Janvier* 1851.)

Cette note était écrite depuis plusieurs semaines quand nous avons eu connaissance de l'arrêté ministériel qui suspend, jusqu'à nouvel ordre, le Cours de M. Michelet. Comme cet arrêté du 12 mars 1851 n'entre point dans le détail des motifs qui ont fait suspendre le Cours du professeur d'histoire et de morale, et qu'il se borne à ce peu de mots : « Attendu qu'il est constant que M. Michelet s'est livré à des écarts dont l'opinion publique s'est vivement et justement émue; que des avertissements répétés lui ont été donnés et qu'il n'en a point tenu compte, etc. », nous pensons qu'il ne sera pas inutile de maintenir notre article, non-seulement sur le Cours de M. Michelet, mais encore sur une de ses plus mauvaises publications, c'est-à-dire sur son livre intitulé : *Le Prêtre, la Femme et la Famille. Scripta et libri manent.* Mais reprenons les choses d'un peu plus haut.

On se rappelle sans doute qu'en 1845, au sujet de ce livre de M. Michelet (*Le Prêtre, la Femme et la Famille*), M. le comte de Tascher, pair de France, rapporteur d'une commission nommée pour examiner la pétition que d'honorables habitants de Marseille, presque tous électeurs éligibles, avaient adressée à la Chambre des pairs, contre les Cours du collége de France et contre les livres publiés par certains professeurs de ce collége, notamment contre l'ouvrage de M. Michelet; on se souvient, dis-je, que M. de Tascher, parlant au nom de la commission, dit sur le livre de M. Michelet un mot sanglant, un mot atterrant : Nous avons lu ce livre, disait-il, nous l'avons lu, *malgré le dégoût qu'il inspire!* Une énergique marque d'adhésion partit en même temps de tous les bancs de la Chambre.

M. le marquis de Barthélemy, également pair de France, parlant du même livre de M. Michelet, s'exprimait ainsi :

« Je craindrais d'être suspect en faisant moi-même l'analyse de ce livre, qui a valu à son auteur d'être renié par un de ses anciens élèves dans la *Revue des deux mondes*, et qui lui a mérité de la part d'un autre critique, dans un journal non suspect, *la Patrie*, qui vous demande aujourd'hui de faire justice de la pétition dont vous êtes saisis, la petite admonition dont je vais faire lecture à la Chambre.

« ..... Le thème sempiternel des Jésuites vieillissait; M. Michelet, désireux de l'exploiter encore, a senti le besoin d'agrandir la matière et de vivifier le sujet. Dans ce but, il a posé ce théorème : Le clergé tout entier est jésuite. Ce point admis et prouvé avec une anecdote, M. Michelet a montré comme quoi le prêtre est l'ennemi de la société, le perturbateur de la famille, le corrupteur de la jeunesse, le serpent fascinateur; comme quoi le culte est théâtral et funeste; comme quoi les églises sont des lieux dangereux; comme quoi la confession est perverse; comme quoi les prêtres en trahissent le secret et en abusent pour gouverner les familles, etc., etc. » (Séance du 14 avril 1845.)

Dans le même livre, page 321, M. Michelet ajoute : « Six cent vingt mille filles sont élevées par des religieuses, sous la direction des prêtres. — Ces filles seront bientôt des femmes, des mères qui livreront aux prêtres, autant qu'elles pourront, leurs filles et leurs fils. » Voici ce que répond à cela M. de Barthélemy :

« Ce que le professeur redoute, moi je l'appelle de tous mes vœux, et j'espère que mes vœux seront partagés par les honnêtes gens. Par ce langage, *livrer aux prêtres*, il faut entendre préparer ses enfants par la religion à l'exercice de toutes les vertus, et surtout à cette admirable charité qui fait de tous les hommes un peuple de frères. » *(Ibid.)*

Aujourd'hui, M. Michelet ne se contente plus d'attaquer les prêtres du christianisme, il se déchaîne contre le christianisme lui-même, et, ce qui est plus énorme encore, il lance ses blasphèmes contre l'auteur du christianisme, contre Notre Seigneur Jésus-Christ lui-même. Voici à l'appui de cette assertion un court extrait de sa leçon, faite au collége de France le 23 janvier 1851 : « Le christianisme, Messieurs, n'a « pas tenu ce qu'il a promis. — *(Applaudisse-* « *ments. — Rires ironiques. — Ah! ah!)* — Le « christianisme a prêché la fraternité sans en « savoir le premier mot. Il n'y a de fraternité « possible qu'avec la liberté; or, le christianisme

« n'a pas fait l'homme libre, au contraire. (*Bra-*
« *vos*). La liberté, Messieurs, mais c'est nous-
« mêmes; mais c'est notre activité, notre per-
« sonne. La liberté, c'est l'être : égalité, frater-
« nité sont les rapports. Je suis une liberté, ou
« je ne suis pas; je ne suis qu'une chose (*ton-*
« *nerre d'applaudissements*). LE CHRIST NE SA-
« VAIT DONC PAS CE QU'IL FAISAIT. Il n'a pas uni
« des hommes, ils n'existaient pas encore; il n'a
« uni que des choses.... Il aurait dû commencer
« par la liberté. Le *Credo* de 92 est le seul vrai;
« il n'y en a point d'autres. Alors seulement la
« liberté a été mise au monde (*triple roulement*
« *de bravos*).

. . . .

« Et en Asie, Messieurs, croyez-vous qu'a-
« vant le boudhisme, qui vaut bien le christia-
« nisme, avant le k'hagiour, qui, certes, vaut
« autant que l'Évangile, croyez-vous que la fra-
« ternité n'était pas connue?.... La lumière était
« partout, mais la chaleur n'existait pas encore.
« Or, la lumière ne produit rien sans la chaleur.
« Voyez la lune!..... Le monde vivait au clair
« de la lune. » (*Applaudissements. — Bravos.*
— Rires bruyants.) (1) (*Extrait du compte-*
rendu de la leçon de M. Michelet du 23 janvier

---

(1) Nous ne voulons pas nous occuper du style de
M. Michelet, ce n'est pas là notre objet. Nous n'en dirons

1851, par *le Corsaire*. Signé : *Armand Rosier*.
Cet article a été reproduit par *l'Univers* dans
son numéro du 5 février 1851.) (1)

---

qu'un mot, à l'occasion de la phrase qui termine la citation : « *Le monde vivait au clair de la lune* ».

Quand on écrit ou qu'on enseigne l'histoire, qu'on est
professeur d'histoire au collége de France, il faut qu'on
représente l'honneur de la France avec grandeur, avec
dignité. Avant tout, il faut qu'on soit grave et sérieux,
qu'on mette dans son style de l'élévation et de la noblesse.
L'histoire doit être habillée en princesse, en reine; jamais
elle ne doit être couverte des haillons de la plèbe. En
général, le style de M. Michelet, soit dans ses ouvrages,
soit dans ses leçons, est plat, bas et trivial: et cela doit
être, parce qu'il ne s'inspire pas de la religion. Déjà, en
1845, le journal *l'Univers* avait formulé sur le livre et
le style de M. Michelet le jugement suivant : « Ce n'est
pas seulement au point de vue moral et historique, que le
professeur de morale et d'hitoire a fait un mauvais livre
(*Le Prêtre, la Femme et la Famille*); le livre est mauvais
sous tous les autres rapports et dans tous les sens du mot :
l'erreur matérielle, les frivolités, la mauvaise foi, le mauvais raisonnement, le *mauvais français,* mais surtout l'extravagance, y abondent. L'extravagance est assise sur cette
Babel d'imposture dont elle a follement rassemblé et follement entassé les informes matériaux.... » (N° du 21 mai
1845.)

Nous pouvons facilement passer à M. Michelet son mauvais style, son *mauvais français,* comme dit *l'Univers;*
mais son mauvais vouloir pour la religion et sa haine pour
ses ministres, ses blasphèmes contre le christianisme et son
divin fondateur, jamais, non jamais!

(1) « On se plaint de tous côtés de M. Michelet et de

M. Michelet veut-il donc enfin ressusciter l'impiété grossière du dix-huitième siècle? Veut-il se faire le Voltaire du dix-neuvième? Mais alors il sera renié et abandonné par le peuple qui, en février, a montré un si grand respect pour la croix, la religion et le clergé. En voulant décrier le christianisme, l'apologiste du boudhisme et du k'hagiour, le professeur d'histoire, ment à l'histoire et ment à sa conscience. Il sait parfaitement que, sans le christianisme, la France et l'Europe seraient encore barbares et sauvages. Lui, qui parle tant de liberté, n'ignore pas non plus que l'abolition de l'esclavage est due à la seule influence du christianisme.....

Les catholiques seront surpris sans doute de cet étrange enseignement de M. Michelet. Pour nous, nous ne le sommes que médiocrement;

---

son Cours. Il ne dit pas un mot qui ne soit une insulte à la religion, et quand il arrive dans sa chaire les philosophes de dix-huit ans qui composent son auditoire s'écrient en manière de flatterie : à bas les Jésuites! Lors de son dernier Cours, le Proudhon universitaire a pris dans ses mains l'Évangile; il en a déchiré les feuillets et a fait la leçon à Jésus-Christ. Aux yeux des auditeurs sensés qui assistent à ses leçons carnavalesques, il n'a d'excuse que dans sa déraison et dans sa folie; mais, s'il en est ainsi, sa chaire devrait être ailleurs qu'au collége de France. » (*Indépendance Belge*. Extrait de *la Voix de la vérité*; n° du 15 février 1851.)

mais nous sommes bien plus étonné de n'avoir
point entendu une seule voix s'élever, même
parmi les représentants ecclésiastiques, contre
une énormité si déplorable et si inqualifiable,
tant est grande aujourd'hui la préoccupation de
l'Assemblée législative pour les choses matérielles
de la politique humaine! Quant à l'étude de la
politique de Dieu (la religion, ou du moins la
morale publique), pour y subordonner la politique humaine, on n'a pas le temps de s'en occuper, on n'a pas même le temps d'y penser. Aussi
quelle force ont toutes nos lois athées, quel est
le caractère de la législation sous laquelle on to-
lère, ou plutôt on choie et on paie au nom de
l'État un enseignement immoral, antichrétien
et subversif de tout l'ordre social? C'est assurément d'un pareil enseignement que sont sorties
les doctrines dissolvantes du socialisme et du
communisme. Que deviendra donc une nation
qui souffre de pareils scandales? Voyez l'esprit et
la portée de notre législation athée! Un pauvre
vieillard, incapable de travailler, repoussé de
la philantropie, demande un morceau de pain,
pour éloigner de quelques mauvais jours une
mort imminente, car enfin il faut qu'il mange,
même en dépit de la loi, et on vous le jette brutalement en prison; tandis que l'État paie gras-
sement des professeurs d'athéisme ou de panthéisme, pour empoisonner la raison, l'esprit et

le cœur de la jeunesse française. Je vous le demande, ô législateurs, où sont ici les grands et les vrais coupables? Après cela, faut-il mettre aussi en prison M. Michelet? Non. Il faut, sous ce rapport, lui pardonner, parce qu'il n'a su ce qu'il a fait ni ce qu'il a dit.

Mais d'un autre côté, puisque M. Michelet n'a point profité du blâme qui lui a été infligé en 1845 par la Chambre des pairs, nous demandons que son *Cours de morale et d'histoire* du collége de France soit supprimé comme un enseignement souverainement impie, immoral et antisocial. Qu'on lui laisse toutefois ses huit mille francs pour qu'il se taise.

M. Jacques, professeur de philosophie, vient aussi d'être justement frappé par le Conseil supérieur de l'instruction publique. M. Jacques, qui n'est pas moins grossièrement impie, prétend que le catéchisme catholique *abétit et corrompt l'enfance (sic).*

Note, relative à la page 45, où il est question du mahométisme.

L'empire de Mahomet a commencé en 622; et, d'après Daniel, chap. vii, il doit durer un temps, deux temps et un demi-temps, c'est-à-dire trois ans et demi ou quarante-deux mois, qui, suivant le style prophétique, sont des mois d'années. Il doit donc durer en tout douze cent soixante ans, et par conséquent il doit finir en 1882.

« Les Mahométans, dit M. l'abbé Rhorbacher, pour se retrouver dans les embarras de leur comput, emploient une période ou un cycle de trente ans, autrement un mois d'années. Sur ce pied, les quarante-deux mois ou douze cent soixante jours auxquels Daniel et saint Jean bornent la durée de l'empire antichrétien, feraient douze cent soixante ans. Comme le mahométisme a commencé en 622, il finirait donc en 1882. »

Au milieu des dix cornes de la quatrième bête (l'empire romain), il s'en éleva une petite qui avait des yeux comme des yeux d'homme, ce qui marque le *voyant* ou le faux prophète Mahomet. Mais ces yeux n'étaient que des yeux d'homme, c'est-à-dire que sa prophétie sera de l'homme et non pas de Dieu.

Cette petite corne (la seule dans toute l'Écriture qui présente des yeux) grandit et en abattit trois des dix, c'est-à-dire les Perses en Asie, les Visigoths en Espagne, et les Grecs de Constantinople. Les dix cornes sont une dizaine de rois barbares, qui, dans le cinquième et le sixième siècles de l'ère chrétienne, se sont partagé les provinces romaines : ce sont les Perses, les Sar-

rasins, les Vandales, les Suèves, les Visigoths,
les Francs, les Alains, les Bourguignons, les
Huns, les Ostrogoths, etc.

De plus, cette corne aux yeux s'imaginera pouvoir changer les temps et les lois. De là l'institution de l'hégire, la nouvelle manière de compter les temps et les époques, les années lunaires,
le cycle de trente ans; la célébration du vendredi
au lieu du dimanche et du samedi avec les chrétiens et les juifs; la substitution du Coran au
christianisme et au judaïsme, etc.

Il faut noter enfin que les deux témoins, dont
parle saint Jean dans son apocalypse (Henoch
et Élie), prêcheront la pénitence pendant douze
cent soixante jours, ce qui est précisément le
nombre d'années qu'aura duré l'islamisme, le
plus puissant ennemi qu'ait eu Jésus-Christ sur
la terre; ou autrement ils prêcheront quarante-
deux mois ordinaires, c'est-à-dire autant de mois
d'années qu'a duré le mahométisme.

On sait assez aujourd'hui combien l'empire
turc est ébranlé et penche vers sa ruine. Le
mahométisme confesse lui-même sa décadence et
sa décrépitude; il se meurt et tend les mains
au catholicisme. Le supérieur des Lazaristes,
M. Étienne, en 1840, écrivait de l'Orient :
« Voyez l'empire turc, ce colosse qui inspira
tant d'effroi à nos pères, il est ébranlé jusque
dans ses fondements; de toutes parts, il s'affaisse

sous son propre poids et menace d'une chute prochaine. » (Voyez *Daniel*, chap. vii, et l'*Histoire universelle de l'Église catholique*, par M. l'abbé Rhorbacher, t. 3 et 10.)

———

Note, relative à la page 72, sur le baccalauréat.

Puisqu'on vient de nommer une commission pour réformer le baccalauréat, il n'est peut-être pas hors de propos d'en dire au moins quelques mots en passant.

Mais qu'est-ce que le baccalauréat? c'est, selon nous, un bagage scientifique parfaitement inutile. Il y a plus : le baccalauréat est le fléau et la ruine des études classiques en général, et des humanités en particulier. Vouloir faire tout apprendre aux écoliers, et en faire de petits Pic de la Mirandole, c'est les forcer au bout du compte à ne rien savoir : c'est l'*ex omnibus aliquid et ex toto nihil*. Le baccalauréat ne devrait être qu'un titre purement scientifique, comme en Angleterre, comme partout, sauf en France et en Chine. (Voyez Abel Rémusat, *Mélanges posthumes*.)

Voici un document curieux sur le baccalauréat, tiré du journal *l'Ordre*, qui est partisan de l'Université.

« Avant peu, si on n'y prend garde, la succession des écoles universitaires passera, non, comme beaucoup l'avaient cru, aux écoles du clergé, mais aux industriels qui font de la préparation au baccalauréat une branche de commerce.

« Ce genre d'industrie a toujours prospéré; mais depuis l'abolition des certificats d'étude, qui date à peine de quelques mois, il a reçu une nouvelle extension. Il ne se préoccupe, lui, ni de croyances, ni de doctrines, ni de pratiques religieuses et morales; il ne songe qu'à une seule chose : à former des bacheliers. Il n'a pour but ni l'éducation, ni l'instruction : ce qu'il veut, c'est l'obtention d'un grade qui seul donne accès dans toutes les carrières. Il n'exige ni un personnel de maîtres considérable, ni un enseignement bien compliqué : quelques *répétiteurs,* quelques *manuels,* voilà les éléments de succès qui lui suffisent. Sa mission, c'est d'exercer uniquement la mémoire, c'est de répéter sans cesse les réponses faites au *questionnaire;* pourvu que des perroquets redisent exactement leur leçon, il est en règle, il a tenu sa promesse, il a fourni le diplôme qu'on lui a payé. Comme il livre à bas prix une marchandise qui lui coûte peu, il a beaucoup d'acheteurs parmi les pères de famille qui, pour la plupart, sont aujourd'hui gênés; comme il s'inquiète peu de la conduite des étudiants, il est du goût de ceux-ci, qui le vantent à leurs aveugles parents : il en résulte que ses établissements vont couvrir la France et que c'est lui qui va former la nouvelle génération.

« Des faits significatifs attestent déjà la justesse de nos prévisions : le premier des lycées de Paris, celui de Louis-le-Grand, a perdu près d'une centaine de ses élèves; le collége d'Henri IV est déchu de son ancienne fortune; le collége de Saint-Louis est plus affaibli encore; des subventions sont réclamées par beaucoup de lycées de province en détresse : le ministre ne le niera pas.

« Où vont les élèves qui désertent les maisons où se donnent une éducation sévère et une instruction élevée? Ils vont là où l'on paie très-peu et où, en travaillant moins, en s'amusant davantage, on arrive plus vite au grade de bachelier. Vont-ils dans les séminaires? Non pas, que nous sachions; et nous nous en rapporterons volontiers au témoignage des évêques. » (Avril 1850.)

Quant à ce qu'on appelle ici *une éducation sévère et une instruction élevée,* nous avons déjà vu que l'éducation est nulle dans les colléges universitaires, et que l'instruction n'y est réellement donnée qu'à une faible minorité, à quinze ou vingt élèves tout au plus dans chaque classe.

Si l'on veut réellement et efficacement la liberté *appliquée* ou *pratique* de l'enseignement, qu'on abolisse le baccalauréat, afin de rendre les carrières libérales accessibles à tous, et surtout à un grand nombre de jeunes gens studieux qui sortent ou ne sortent pas de l'Université, mais qui travaillent sérieusement et consciencieusement.

Quand on sait comment se font aujourd'hui les réceptions et comment on y prépare un si grand nombre de sujets, sans presque aucune étude sérieuse, on ne peut s'empêcher de dire que la cérémonie du baccalauréat n'est qu'une chose dérisoire et une mesure fiscale profitable à l'Université, nuisible à la jeunesse qui y perd un temps précieux, et inutile à la société qui est loin d'y trouver une garantie de science suffisante. Mais, on dira peut-être : c'est toujours une épreuve que l'on fait subir. Oui, c'est un simulacre d'épreuve qui, le plus souvent, ne prouve rien, ni science ni moralité.

Ne pourrait-on pas remplacer avantageusement le baccalauréat par des certificats de cinq ou six ans d'études (avec des notes sur les sujets), faites dans un collége *quelconque* où l'on enseigne le grec, le latin, la philosophie, un peu d'histoire avec les premiers éléments des sciences mathématiques, physiques et naturelles? C'est ce qui se pratiquait encore il y a une trentaine d'années ; car on sait que le baccalauréat n'existait pas autrefois, ni sous la république ni sous l'empire, au moins pour le droit et la médecine, bien qu'alors l'Université existât et avec plus d'honneur et de gloire qu'aujourd'hui. Ces certificats serviraient, comme jadis, de titres d'admission pour prendre des inscriptions dans les facultés.

Avant l'invention du baccalauréat universitaire, la France manquait-elle de savants et d'hommes de lettres éminents? Aujourd'hui encore les plus célèbres jurisconsultes, les plus grands médecins, les littérateurs les plus distingués, les meilleurs écrivains, ne sont pas bacheliers. Châteaubriand n'était seulement pas bachelier-ès-lettres. Nos plus grands physiciens, nos mathématiciens, nos géomètres, nos astronomes, nos Gay-Lussac, nos Cauchy et nos Arago, ne sont pas même bacheliers-ès-ciences. Les assemblées législatives de l'époque de notre première révolution valaient bien, ce nous semble, celles de nos jours, pour le savoir et la capacité, ou plutôt elles étaient certainement supérieures à l'assemblée actuelle, dont la plupart des membres ont été formés à l'image de leur vieille mère, l'Université. Les auteurs du Code civil et du système métrique décimal n'étaient ni bacheliers-ès-lettres ni bacheliers-ès-sciences.

Où sont maintenant les vrais savants, les grands littérateurs, les bons écrivains formés par l'Université? on n'en rencontre guère : *Ap-*

parent rari nantes, etc. C'est-à-dire que l'Université, faute de concurrence et d'émulation, demeure stationnaire dans un honteux et éternel repos; elle s'atrophie et se dessèche dans son immobile inertie. Laissez donc venir et opposez-lui d'autres compagnies ou des congrégations savantes et enseignantes, et vous forcerez ce colosse universitaire à se remuer, à déployer ses membres engourdis et à marcher avec son siècle, sous peine de mourir dans le marasme et dans une incurable léthargie.

Si cependant on voulait conserver le baccalauréat, bien que ce degré inférieur, comme nous l'avons déjà dit, ne soit, dans la réalité, qu'une pure déception pour les familles et la société, alors, suivant nous, devrait surgir la nécessité des jurys spéciaux ou des commissions indépendantes et désintéressées nommées par le pays ou par ceux qui le représentent, c'est-à-dire par les Conseils généraux. Les membres de ces jurys indépendants et départementaux seraient donc choisis par le Conseil général de chaque département. Ils seraient pris parmi les personnes les plus compétentes, et qui n'appartiennent à aucune corporation enseignante, ni publique, ni privée, ni universitaire, ni libre. On en choisirait deux dans le clergé, deux dans la magistrature, deux parmi les médecins, deux dans le génie civil ou militaire, deux dans la haute classe des négociants, et deux aussi parmi les citoyens les plus honorables du pays. Ces jurys pourraient être renouvelés tous les trois ans. Chaque membre serait rééligible.

Que l'on ne dise pas que ces juges ne seraient pas assez compétents pour faire subir des examens sur les lettres et les sciences. Nous répondrions que ces hommes pratiques seraient sans aucun doute des juges plus capables que les examinateurs de l'Université, si flanqués qu'ils soient de tout leur appareil de science païenne et de philosophie rationaliste.

Ces jurys indépendants prononceraient, soit sur la moralité et la capacité des personnes ou des congrégations enseignantes quelles qu'elles pussent être, universitaires, libres, laïques, ecclésiastiques ou religieuses, reconnues ou non par l'État; soit sur la capacité des aspirants au baccalauréat, à quelque corps enseignant qu'ils appartînssent, et sans qu'ils eussent besoin de produire aucun certificat, ni d'étude, ni de stage, ni d'origine.

Si une telle institution peut offrir quelques inconvénients, et qu'elle soit loin d'être parfaite, elle présenterait au moins beaucoup plus de garanties de liberté, d'égalité et d'équité, que tous les réglements de l'Université. Car, si l'Université conserve la collation des grades, il n'y a dès-lors ni liberté ni concurrence sérieuse possible.

On comprend aisément toute la portée pratique de ces jurys départementaux nommés par
les Conseils généraux. Cette institution éminemment libérale et populaire serait, pour chaque
département, le moyen d'influence morale le
plus puissant et le plus légitime; elle serait de
plus un grand moyen de décentralisation politique et administrative.

* * *

*Note, relative à la page 107, à l'occasion de la
tenue régulière des conciles.*

Si l'Église de France est aujourd'hui dans un
état de souffrance et de malaise, si la Foi dimi-
nue, si la discipline s'énerve, si la morale se re-
lâche, il faut attribuer, en grande partie, cette
atonie générale à la suppression des conciles nationaux. (1)

Reste au clergé, à l'épiscopat, c'est-à-dire à
l'Église de France tout entière, le grave devoir

______

(1) Tout ce que nous avons dit dans le deuxième chapitre sur le mode et le programme de l'instruction ecclésiastique, sur la nécessité de créer une société savante encyclopédique, avec un organe officiel de la presse catholique,
ou un moniteur unique et universel placé sous le haut patronage de l'épiscopat français, etc., tout cela ne pourra
s'accomplir que par la tenue d'un concile national.

de se reconstituer peu à peu sur ses bases primitives, de rétablir le règne de Dieu par l'empire de la science, par la lumière de la vérité, par l'influence des bienfaits, par l'exemple du sacrifice, de l'abnégation et du dévouement, en un mot, par la force morale élevée à sa plus haute puissance, par la charité : et il faut ajouter tout de suite que, sous tous ces rapports, le clergé de France est au premier rang de la catholicité. Or, toutes ces choses ne pourront s'accomplir parfaitement que par la tenue d'un concile national présidé par un légat du Pape.

C'est dans un concile national seulement que l'on pourra traiter une foule de questions pratiques de la plus haute importance, telles entre autres que (indépendamment du maintien de l'unité dogmatique) l'unité disciplinaire, liturgique, catéchismique (1), les officialités; l'uniformité dans la pratique du jeûne et de l'abstinence quadragésimale, et diverses autres questions pra-

---

(1) Il serait à souhaiter qu'il n'y eût en France, comme sous l'Empire, qu'un seul catéchisme approuvé par un concile national. C'est surtout aux confins des diocèses que se montrent les inconvénients attachés à la diversité d'expression des dogmes catholiques. D'un côté d'une limite diocésaine on parle un langage, et de l'autre on parle un langage différent. Les personnes simples de la campagne se demandent souvent s'il y a autant de religions que de diocèses.

tiques encore que NN. SS. les évêques réunis sauront parfaitement apprécier et juger; ou plutôt, pour tout dire en deux mots, on s'y occuperait principalement de la reconstitution canonique et de l'organisation intérieure de l'Église de France. Tous ces points disciplinaires seraient par là rendus uniformes, au moins autant que les circonstances et la nature des choses peuvent le permettre dans l'époque actuelle. Ce n'est pas une voix obscure et perdue dans le désert qui se fait entendre ici, et intempestivement peut-être, c'est une voix infiniment plus haute et plus forte, c'est celle de l'illustre évêque de Langres, Mgr Parisis. Voici ses paroles :

« Si l'Église ne se reconstituait pas en France, comme elle l'est partout, sur son droit canon, qu'arriverait-il? Il arriverait, ou qu'elle y resterait, comme elle l'est malheureusement sur beaucoup de points, sans organisation intérieure, ou qu'elle y serait organisée forcément par une puissance étrangère toujours rivale et souvent hostile. Une reconstitution purement canonique est donc nécessaire à l'Église en France. De plus, elle est urgente. » (*Cas de conscience,* p. 118.) Or, nous croyons pouvoir affirmer que cette *reconstitution purement canonique* jugée *nécessaire* et *urgente* par Mgr Parisis, est irréalisable sans la tenue d'un concile national. NN. SS. les évêques savent parfaitement qu'aujourd'hui un

concile national est devenu absolument nécessaire (1). Et comment n'en serait-il pas ainsi,
dans ce temps de transformation de notre société,
de changement des mœurs, des lois, des usages,
des coutumes, des idées, des opinions, du commerce, de l'industrie, etc., que les progrès matériels et les révolutions politiques et sociales ont
fait pénétrer dans l'organisation nouvelle de la
nation française?

Note, relative à la page 108, *sur la loi du
repos heptamérique.* (2)

> *Sex diebus operaberis*, et facies omnia opera
> tua, septimo autem die sabbatum Domini Dei tui
> est : non facies omne opus in eo, tu, et filius tuus
> et filia tua, servus tuus et ancilla tua, jumentnm
> tuum, et advena qui est intra portas tuas.
>
> (*Exod.* XX-9 et 10.)

La loi du repos est une loi physiologique universelle : c'est la loi de l'intermittence d'action,

----

(1) Que nul n'ait ici la témérité d'accuser nos évêques d'i-
naction : ils attendent sagement pour la tenue d'un concile
national l'autorisation du Souverain-Pontife.

(2) Si dans cette note sur la loi du dimanche, le mot de
dimanche ne se trouve pas prononcé une seule fois, c'est

à laquelle toute la création sublunaire est soumise, et à laquelle aucun être vivant ne peut se
soustraire sans péril de destruction ou d'immense
perturbation.

Il existe donc une loi qui force tous les êtres
au repos physique. Tout, ici-bas, doit donc se
reposer : les hommes, les animaux, les végétaux
et jusqu'aux minéraux eux-mêmes. La loi nycthémérique de l'alternance du jour et de la nuit
ordonne le sommeil à tous les êtres animés; aucun ne peut s'y soustraire, tous y sont forcés
sous peine de mort. Ceci n'a pas besoin de commentaire : tout le monde sait que le sommeil est
pour les hommes et les animaux une nécessité
physiologique. On sait aussi généralement que
les végétaux dorment la nuit, et même des savants ont écrit sur le sommeil des plantes. Les
terres également doivent dormir et se reposer,
sous peine d'être frappées d'une éternelle et irrémédiable stérilité.

Ce repos nycthémérique pour les êtres animés,
c'est le repos des fatigues de la vie. L'autre repos, ou le repos heptamérique, c'est celui des

---

que nous avons voulu traiter la question au point de vue de
la loi naturelle ou physiologique; d'ailleurs, d'autres l'a-
vaient déjà envisagée sous d'autres rapports. Cette note a
paru dans la *Voix de la vérité*, dans son numéro du 5 février.

fatigues du travail; et, aussi bien que le premier, il est nécessaire à l'homme et aux animaux employés à son service. (1)

La loi de Dieu a destiné au repos des fatigues du travail le septième jour de la semaine. Cette loi physiologique a toujours été et est encore observée par tous les peuples civilisés ou demi-civilisés, par les chrétiens, les catholiques, les protestants, les Juifs, les Mahométans, les Chinois et autres peuples asiatiques. On la retrouve

---

(1) Puisque aujourd'hui une loi défend de maltraiter les animaux, pourquoi la même loi ne défend-elle pas aussi de les forcer à travailler toujours sans se reposer jamais? N'est-il pas aussi cruel et même plus cruel de faire périr les animaux nécessaires par des travaux excessifs, que de les frapper dans leur service intermittent?

Suivant un réglement militaire, les soldats en marche, hommes et bêtes, doivent prendre un jour de repos au bout d'une semaine de marche. C'est une nécessité physiologique justifiée par l'expérience.

Une autre classe de gens, les rouliers, sont aussi forcés de prendre un jour de repos par semaine, eux et leurs chevaux. — On sait que le jeudi est le jour de récréation hebdomadaire de tous les écoliers.

Ainsi, quoi qu'on dise et quoi qu'on fasse, la périodicité septénaire est la juste mesure des forces humaines et des forces des animaux domestiques que Dieu a donnés à l'homme pour aides et compagnons de ses travaux. Car une telle division du temps et une telle proportion dynamique ne peuvent venir que du législateur et de l'ordonnateur suprême, du Créateur.

également chez les peuples de l'antiquité la plus reculée, chez les Phéniciens, les Égyptiens, les Grecs, les Romains de qui nous sont venus les noms planétaires des sept jours de la semaine. On connaît les jours de repos et de fête des chrétiens et des Juifs. Celui des Sarrasins avant Mahomet et de tous les Musulmans depuis Mahomet, c'est le vendredi, *dies Veneris,* le jour de Vénus, déesse de la volupté charnelle tout-à-fait digne de la morale du Coran. Les Czérémisiens, peuple idolâtre des bords du Volga, chôment aussi le vendredi (Strahlemberg). Les idolâtres des environs d'Ormus et de Goa ont pris le lundi; ceux de la Guinée, le mardi; plusieurs tribus des états du Mogol, le jeudi (La Mothe le Vayer). Les anciens Germains avaient choisi aussi le jeudi pour offrir des sacrifices à leur dieu *Thor* (Banien). D'après Porphyre, les Phéniciens consacraient un jour sur sept au culte de Saturne, leur principale divinité. A Delphes, on chantait tous les sept jours une hymne appelée *Pæan,* en l'honneur d'Apollon. Les Athéniens en faisaient autant tous les sept jours en l'honneur de la lune. Voilà pourquoi Hésiode appelle le septième jour *saint* ou *sacré*. Homère et d'autres écrivains païens parlent souvent de la vénération des peuples pour le septième jour. Voyez l'auteur anglais Alban Butler.

Pour ce qui regarde les Romains, qui étaient

un peuple excessivement religieux, puisqu'il adoptait les dieux de tous les peuples, ils se sont conformés aux mêmes usages touchant les jours de repos et de fêtes. Avant l'ère chrétienne, les lois romaines obligeaient le grand-pontife et les flamines à veiller à ce que personne ne travaillât pendant les jours de fête; un crieur public en avertissait le peuple. Le délinquant en était quitte pour une amende, qui était un cochon offert en sacrifice, s'il avait péché par ignorance. (Macrobe et Servius.) Sans une nécessité pressante, tout travail manuel était défendu et les boutiques fermées, afin que personne ne fût distrait des devoirs prescrits par la religion. Servius cite à ce sujet le docte Varron et l'usage constant du peuple romain, qui ne pouvait être fondé que sur la tradition patriarcale.... Mutius Scévola, profond jurisconsulte, grand-prêtre et consul, disait qu'on ne pouvait faire en un jour de fête, que ce qui ne pouvait être omis ou différé sans un dommage notable, *quod prætermissum noceret* (Macrobe). Il cite pour exemple un bœuf tombé dans un fossé, etc. — Quant aux Chinois, dès la plus haute antiquité, le septième jour était pour eux un jour de repos et de fête. Il est rapporté dans un de leurs livres canoniques, l'*yking*, que les anciens rois, le septième jour, appelé le grand jour, faisaient fermer les portes des maisons, qu'on ne faisait, ce jour-là, aucun commerce, et que les magistrats ne jugeaient aucune affaire. (*Chouking,* Paris, 1770.)

Que l'on ne nous oppose pas, après cela, l'exemple de quelques peuplades sauvages de l'Amérique ou de quelques tribus de nègres de l'Afrique, nous n'en tiendrions aucun compte, parce que ces êtres humains sont encore en dehors de l'ordre social; et, n'étant assujettis à aucun travail ni à aucune occupation régulière et sérieuse, ils n'éprouvent pas encore le besoin du repos périodique et physiologique.

La loi du repos heptamérique est donc une loi naturelle, puisque, dès l'origine des choses, ce repos est et a toujours été le résultat nécessaire d'un besoin éprouvé par tous les peuples de la terre. Cette loi est donc, pour eux, une condition d'existence à la fois matérielle, religieuse, morale, sociale et politique. Car l'homme ne doit pas seulement se reposer physiquement comme la brute, comme son bœuf et son cheval, il doit le faire suivant sa nature physiologique, suivant sa qualité d'homme, c'est-à-dire comme être raisonnable, intellectuel, moral et social. La périodicité septénaire du repos doit donc être non-seulement un jour de repos physique, mais encore un jour de moralisation, de civilisation et de socialisation. Rien ne favorise plus les relations sociales qu'un jour commun destiné à la réunion de tous les citoyens dans un même but et dans un même esprit. Et, pour cela, il faut nécessairement qu'il y ait un jour commun à chaque culte. « Chaque semaine a son jour de repos, a dit un célèbre publiciste du commencement de ce siècle; l'artisan quitte son atelier, le laboureur sa charrue, l'homme de cabinet ses études; sur la surface de vastes contrées, tout s'ébranle à la fois dans les champs comme dans les villes : les vieillards comme les enfants, les riches comme les pauvres, tous se rendent au lieu de l'assemblée religieuse. Là les familles se voient et se rapprochent, les anciennes liaisons se resserrent, de nouvelles se forment; ainsi les mœurs s'adoucissent, les hommes les plus rustiques s'humanisent, se civilisent, et le jour consacré aux exercices publics de la religion est de tous le plus précieux pour la patrie. »

C'est en effet en ce jour de repos solennel que l'homme, avant tout, doit s'appliquer à l'étude de la loi de Dieu, au culte de Dieu et à la pratique de la religion qui n'est que l'expression des rapports qui existent entre Dieu et l'homme, et des rapports moraux qui existent entre l'homme et son semblable. De là l'ordre des devoirs, l'ordre moral, l'ordre social, l'ordre naturel, l'ordre *nécessaire* établi par Dieu lui-même; car ce n'est pas là une invention humaine : l'homme, comme nous l'avons déjà dit, n'invente pas le *nécessaire*. Or, toutes ces choses sont *indispensables* et im-

prescriptibles : c'est la loi de la nature. « L'auteur
de la nature, dit un écrivain moderne, a gravé
dans le cœur de tous les hommes, à quelques
siècles, à quelques climats, à quelques nations
qu'ils aient appartenu, le précepte éminemment
religieux de consacrer à son culte un jour de chaque semaine. » (*Traité historique et dogmatique
des fêtes, etc.*, t. XIII, p. 1.) Un peuple qui violerait une telle loi, violerait la loi de sa nature et
conspirerait à sa propre ruine. Quand la physiologie d'un peuple est radicalement violée, ce
peuple perd sa civilisation, retourne à la barbarie
et à l'état sauvage; et alors, n'ayant plus de raison d'être, il périt. Et en effet, une nation, et
on peut le poser en principe, une nation qui
abolirait complètement la loi du repos heptamérique, perdrait infailliblement le sens moral,
tomberait dans une complète anarchie et disparaîtrait du rang des nations; car les lois de l'ordre moral doivent s'accomplir comme celles de
l'ordre physique.

Cet ordre naturel, ou la périodicité septénaire
du repos établi par Dieu lui-même, est une chose
immuable; nul homme, nulle nation ne peut le
changer sans crime de lèse-société, et sans faire
un acte de démence et d'impiété. A l'époque néfaste de notre première révolution, on a voulu
changer, comme on sait, le jour du repos commun de la nation, en l'éloignant seulement de

trois jours, pour le fixer au fameux et éphémère *décadi,* et on se rappelle avec quelle folie on y procéda et quel succès on obtint. « On sait maintenant par expérience, dit M. de Châteaubriand, que le cinq est un jour trop près et le dix un jour trop loin pour le repos. La terreur, qui pouvait tout en France, n'a jamais pu forcer le paysan à remplir la décade, parce qu'il y a impuissance dans les forces humaines, et même, comme on l'a remarqué, dans les forces des animaux. Le bœuf ne peut labourer neuf jours de suite; au bout du sixième, ses mugissements semblent demander les heures marquées par le repos général de la nature. » (*Génie du Christianisme.*)

Par contre, un peuple, quel qu'il soit, qui respectera fidèlement la loi du repos hebdomadaire, subsistera et prospérera, au moins matériellement et politiquement. Qui sait si cette grande prospérité et cette grande puissance matérielles des Anglais et des Américains, si scrupuleux observateurs de la loi du repos heptamérique, ne sont pas une récompense terrestre que Dieu leur accorde, comme autrefois il récompensa les vertus morales des anciens Romains par la conquête de l'univers? Car Dieu ne laisse jamais sans récompense la moindre des vertus, même chez les païens et les hérétiques.

Mais aussi, car il faut le répéter, un peuple, même catholique, qui laissera complètement abolir la loi du repos heptamérique, ne peut que s'attendre à l'anathème et à une ruine certaine et inévitable. Et d'où viennent toutes nos révolutions et nos grandes perturbations sociales, si ce n'est de ce que nous observons si mal la loi du repos septénaire? car enfin, il faut le dire, c'est une chose tristement remarquable que les catholiques sont en général les peuples les moins exacts à garder la loi du repos septénaire, et c'est ce qui se voit surtout en France.

Que les représentants de la nation, que nos législateurs y pensent donc sérieusement. Cette loi est pour la France une question vitale, une question d'existence physique, religieuse, morale, sociale et politique. On ne se moquera pas toujours impunément de la loi de Dieu et de Dieu lui-même. *Deus non irridetur.* On connaît les terribles châtiments que Dieu infligea autrefois aux violateurs de la loi du sabbat.

Que la France donc, pour redevenir florissante et heureuse, revienne à la loi de Dieu, à la loi du repos heptamérique; c'est la loi de la nature sanctionnée par l'expérience de six mille ans.

Encore une fois, c'est la loi de la nature, et malheur à la nation qui la méprise et la viole sans repentir et sans retour.

Note, relative à la page 24, sur la Confession catholique considérée particulièrement au point de vue philosophique, moral et social.

Confession catholique ! Formule sublime qui résume la plus haute philosophie qui soit sur la terre, c'est-à-dire, l'inénarrable philosophie de la réconciliation de l'homme avec Dieu. (1)

Quelle source de paix et de bonheur que la confession catholique, non-seulement pour les individus, mais pour les sociétés elles-mêmes. La puissance qui a formé et vivifié le monde moral et social, c'est principalement la confession catholique. Voilà donc le vrai remède pour guérir nos maladies morales et sociales. Ce remède, sans doute, paraît amer à l'orgueil humain ; mais cette amertume apparente apporte aux âmes la vie, aux consciences la paix et le repos avec de secrètes et ineffables douceurs et d'immenses consolations. M. l'abbé Carron rapporte qu'un ancien officier de cavalerie, étant passé, dans un de ses voyages, par un lieu où le P. Brydaine donnait une mission, fut curieux d'entendre un

---

(1) Nous ne pouvons parler ici que de la confession catholique, et non de la confession des nations païennes, qui ont eu aussi leur confession et leur expiation pénitentiaire. La confession remonte à l'origine du genre humain.

orateur d'une si grande renommée. Il entra dans l'église lorsque le missionnaire, après les exercices du soir, développait, dans un avis, l'utilité et la méthode d'une bonne confession. Le militaire, touché, forme à l'instant la résolution de se confesser, vient au pied de la chaire, parle au P. Brydaine, et se décide à rester à la mission. Sa confession fut faite dans les sentiments d'un vrai pénitent. Il lui semblait, disait-il, qu'on ôtait de dessus sa tête un poids insupportable. Le jour où il eut le bonheur de recevoir l'absolution, il sortit du tribunal, témoin de ses aveux, en versant des larmes que tout le monde lui vit répandre. Rien ne lui était si doux, disait-il, que ces pleurs qui coulaient sans efforts, par amour et par reconnaissance. Il suivit le saint prêtre, lorsqu'il se rendit à la sacristie, et là, en présence de plusieurs missionnaires, le loyal et édifiant militaire exprima en ces termes les sentiments dont il était animé : « Messieurs, écoutez-moi de grâce, et vous particulièrement, Père Brydaine; je n'ai goûté de ma vie des plaisirs si purs et si doux que ceux que je goûte depuis que je suis en grâce avec mon Dieu; je ne crois pas, en vérité, que Louis XV, que j'ai servi pendant trente-six ans, puisse être plus heureux que moi. Non, ce prince, dans tout l'éclat qui environne son trône, au sein de tous les plaisirs qui l'assiégent, n'est pas si content, si joyeux que je le suis, depuis

que j'ai déposé l'horrible fardeau de mes péchés. »
(*Citation* de M. Guillois.)

Il y a dans la confession catholique un charme
inconnu, qui se sent et s'éprouve, mais qui ne
s'explique pas, ne se définit pas, faute de termes
pour l'exprimer. De plus, la confession possède
une puissance de régénération morale qui sur-
passe toute puissance humaine. Or, cette puissance morale, c'est la parole du confesseur qui la
communique aux âmes humbles et repentantes.
Car la parole du confesseur est la plus haute parole de l'humanité, ou plutôt c'est une parole
surhumaine, une parole divine, à laquelle on ne
résiste pas, si l'on conserve encore une lueur de
raison et un sentiment d'honnêteté.

La confession est la sauvegarde de l'honneur
des familles, le plus puissant rempart contre l'as-
saut des passions, le soutien de l'homme dans
les malheurs qui pèsent continuellement sur son
amère existence. Il est impossible de dire tous les
biens et tous les avantages qu'elle a procurés et
procure encore tous les jours à la société. Il faudrait un volume pour rappeler tous les maux
que ce tribunal de miséricorde a empêchés, et
les biens sans nombre qu'il a procurés. Pénétrez
dans le secret des familles, et vous y apprendrez
ce que doivent les hommes à cette admirable, à
cette divine institution. Combien de haines étouf-
fées, d'inimités appaisées ; combien de parents,

de concitoyens réconciliés, d'iniquités préve-
nues, de restitutions opérées, de torts réparés;
combien de victimes arrachées au vice, de peines
consolées, de désespoirs calmés! Enfin, quelle
délicieuse, quelle céleste douceur la confession
répand dans les âmes !

Plus d'une fois, les protestants se sont repentis
d'avoir aboli le saint usage de la confession catholique. Le motif qui les a engagés à désirer son
rétablissement, c'est le déréglement des mœurs
et le débordement de tous les vices dont l'abolition de cette salutaire pratique a été suivie. La
preuve que la confession est de sa nature l'enne-
mie de tous les vices, c'est que tous ceux qui se
livrent au désordre commencent par abandonner
la confession, et qu'ils y reviennent lorsqu'ils
veulent se convertir.

Tissot, qui était protestant, s'écriait avec ad-
miration : *Quelle est donc la puissance de la
confession chez les catholiques !*

« La confession catholique, dit le R. P. de
Ravignan, est une institution qui est toujours en
butte aux assauts et aux dédains des hommes,
mais elle est toujours invincible; elle est contraire
à l'indépendance et à l'orgueil des passions autant qu'une chose peut l'être, et malgré toutes
les résistances elle s'est répandue avec la Foi chez
tous les peuples, en sorte que la volonté de Dieu
peut seule expliquer sa durée, sa force, comme

son origine.... Étrange et douce merveille! Ces trois choses, l'aveu, le repentir, le pardon, consacrées dans l'institution catholique, garanties par la mission du prêtre, ont apporté au monde plus de paix, plus de joies, plus de changements heureux, plus de déterminations généreuses, plus d'héroïques sacrifices, plus d'œuvres utiles ou sublimes, que les inspirations du génie et tout l'enthousiasme de la gloire. »

Voici, d'après ce célèbre orateur chrétien, en faveur de la confession catholique, quelques passages fort remarquables d'un manuscrit tout entier de la main de Leibnitz, imprimé depuis quelques années pour la première fois. On sait que Leibnitz était protestant.

« Ce fut assurément un grand bienfait de Dieu, dit Leibnitz, de donner à son Église le pouvoir de remettre et de retenir les péchés. Ce pouvoir, l'Église l'exerce par ses prêtres, dont le ministère à cet égard ne peut être méprisé sans crime. Par ce moyen, Dieu confirme la juridiction de l'Église, la fortifie, l'arme contre les chrétiens rebelles, et promet d'assurer lui-même l'exécution des jugements qu'elle a portés. Une condamnation terrible pèse ainsi sur les dissidents (c'est un dissident qui tient ce langage) et leur impose de cruelles privations, lorsque, repoussant l'autorité de l'Église, ils manquent forcément des biens qu'elle seule leur dispense.

« Ici, continue Leibnitz, à la différence de la rémission des péchés qui s'opère dans le baptême, où rien de plus qu'un rite d'ablution n'est prescrit, dans le sacrement de pénitence, il est ordonné à celui qui veut être purifié de se montrer au prêtre, de faire la confession de ses péchés, et de recevoir ensuite, au jugement du prêtre, quelque châtiment qui, pour l'avenir, lui serve d'avertissement et de recommandation salutaire. Car, comme Dieu a établi les prêtres médecins des âmes, il a voulu que les maux de l'infirme et l'état de sa conscience fussent mis à découvert devant eux... On ne saurait nier que toute cette institution ne soit parfaitement digne de la sagesse divine, et, si quelque chose est louable, grand et glorieux dans la religion, certainement, c'est le sacrement de la réconciliation que les Chinois et les Japonais ont tant admiré eux-mêmes. Cette nécessité de la confession devient, en effet, pour un grand nombre un frein salutaire; elle apporte à ceux qui sont tombés une grande consolation, de telle sorte que je regarde un confesseur pieux, grave et prudent, comme un des plus puissants instruments de Dieu pour le salut des âmes. » Voilà d'éclatants aveux d'un sage protestant.

« Tous les hommes, les philosophes même, quelles qu'aient été d'ailleurs leurs opinions, dit M. de Châteaubriand, ont regardé le sacrement de pénitence comme l'une des plus fortes barrières contre le vice, et comme le chef-d'œuvre de la sagesse. Sans cette institution salutaire, le coupable tomberait dans le désespoir. Dans quel sein déchargerait-il le poids de son cœur? Serait-ce dans celui d'un ami? Eh! qui peut compter sur l'amitié des hommes? Prendra-t-il les déserts pour confidents? Les déserts retentissent toujours, pour le crime, du bruit de ces trompettes que le parricide Néron croyait ouïr autour du tombeau de sa mère. Quand la nature et les hommes sont impitoyables, il est bien touchant de trouver un Dieu prêt à pardonner. Il n'appartient qu'à la religion chrétienne d'avoir fait deux sœurs de l'innocence et du repentir. »

Un protestant anglais, lord Fitz-William, démontre *qu'il est impossible d'établir la vertu, la justice, la morale, sur des bases tant soit peu solides sans le tribunal de pénitence.* Donc, sans la confession, point de vertu, point de justice, point de morale; donc, sans la confession, point de société, ou la société des sauvages avec le gouvernement du casse-tête et la morale de l'anthropophagie.

Voici les noms des philosophes les plus connus qui se sont confessés à la mort : La Mettrie, le comte de Boulainvilliers, Montesquieu, du Marsais, Maupertuis, Fontenelle, Boulanger, le marquis d'Argens, Toussaint, Bouguer, Buffon, le comte de Tressan, de Langle, Robinet, Larcher, le duc d'Orléans, l'empereur Napoléon, etc. Diderot, d'Alembert, Santerre, Barras, etc., avaient manifesté le désir de se confesser à leur moment suprême; mais ils n'ont pu avoir cette consolation et ce bonheur. On connaît les derniers moments de Voltaire. Ce patriarche du philosophisme et de la secte impie du 18e siècle mourut, le 30 mars 1778, dans le plus affreux désespoir. « Rappelez-vous, dit Tronchin, protestant, son médecin, toute la rage et toute la fureur d'Oreste, vous n'aurez qu'une faible image de la rage et de la fureur de Voltaire dans sa dernière maladie. Il serait à souhaiter que tous les incrédules de Paris se fussent trouvés là; le beau spectacle qu'ils auraient eu! » Le maréchal de Richelieu avait eu sous les yeux ce spectacle épouvantable, et il n'avait pu s'empêcher de s'écrier : « En vérité, cela est trop fort, on ne saurait y tenir. » (*Particularités sur la mort de Voltaire,* par l'abbé Harel.)

Voici enfin quelques mots sur les dispositions où se trouvait Napoléon après avoir reçu tous les sacrements de l'Église.

« Je suis heureux, disait l'empereur, au général de Montholon, après avoir reçu l'Extrême-Onction, je suis heureux d'avoir rempli mes devoirs. Je vous souhaite, général, à votre mort le même bonheur. J'en avais besoin, car je suis

Italien, voyez-vous, enfant de classe de la Corse. Je n'ai pas pratiqué sur le trône, parce que la puissance étourdit les hommes; mais j'ai toujours eu la foi : le son des cloches me fait plaisir, et la vue d'un prêtre m'émeut. Je voulais faire un mystère de tout ceci, mais c'est de la faiblesse. Je veux rendre gloire à Dieu; général, donnez des ordres pour qu'on dresse un autel dans la chambre voisine : on y exposera le Saint-Sacrement. Je doute qu'il plaise à Dieu de me rendre la santé, mais je veux l'implorer. Vous ferez dire les prières des Quarante-Heures. Mais pourquoi, dit l'empereur comme en se ravisant, non, on dirait que c'est vous, noble et gentilhomme, qui avez tout commandé de votre chef; je veux donner les ordres moi-même. » (Voyez, pour plus de détails, le *Dogme de la confession,* par M. l'abbé Guillois, curé au Mans.)

Note, relative à la page 101, *sur l'instruction primaire des enfants de la campagne.*

Mgr Rousselet, évêque de Séez, vient de jeter les fondements d'une œuvre de régénération religieuse et morale, digne, par son objet, de la plus sérieuse attention. Ce pieux prélat, que rien n'arrête dans la voie du bien public, a eu l'heureuse pensée de créer une congrégation reli-

gieuse, ou plutôt une institution de frères enseignants, uniquement destinés aux nombreuses paroisses des campagnes dépourvues d'instituteurs
et privées par conséquent de toute instruction,
et de tout ce qui peut faire le bon ouvrier, le
bon artisan et le bon laboureur. Il va sans dire
qu'il sera sagement et abondamment pourvu à
tous les besoins spirituels et moraux des enfants
des populations rurales, c'est-à-dire, de ce qui
forme réellement la France. Le côté matériel de
l'éducation de ces enfants sera aussi l'objet d'un
soin tout particulier et approprié au caractère,
au génie, à l'aptitude et à la vocation probable
de chaque enfant.

Une telle institution, qui commence par l'hu-
milité, la pauvreté et la confiance en la divine
Providence, ne peut manquer d'attirer sur elle
la bénédiction de Dieu, de s'étendre et de se pro-
pager dans tous les diocèses de France. C'est
encore le grain de sénevé. Voilà ce qui manquait
à notre chère patrie. C'est donc toujours la religion, c'est-à-dire le catholicisme, qui procure
tous les vrais biens aux sociétés humaines.

FIN.

TABLE DES MATIÈRES.

FIN DE LA TABLE DES MATIÈRES.

Imprimerie de P.-E. BRÉDIF, à L'AIGLE (Orne).